Knaur
MensSana

Von der Autorin ist im Knaur-Taschenbuch außerdem

Das Größte ist die Liebe, Bandnr. 87154

Über die Autorin:

Ayya Khema wuchs als Tochter eines jüdischen Börsenmaklers im Berlin der 20er-Jahre auf. Mit fünfzehn floh sie vor den Nazis nach England, wo für sie ein völlig neues Leben begann. Als Erwachsene bereiste sie mit Mann und Kind unter abenteuerlichen Umständen fast die ganze Welt, stets auf der Suche nach der letzten Wahrheit, die ihrem Leben Halt, Sinn und Orientierung geben sollte. In Ceylon, als 56-Jährige, wurde sie buddhistische Nonne. Ayya Khema gründete das erste buddhistische Waldkloster Deutschlands und wurde dort der geistige Mittelpunkt einer wachsenden Schar spiritueller Schüler aus aller Welt.

Ayya Khema

Ich schenke euch mein Leben

Die Lebensgeschichte einer deutschen Buddhistin

Knaur
MensSana

Besuchen Sie uns im Internet:
www.droemer-knaur.de

Vollständige Taschenbuchausgabe 2003
Droemersche Verlagsanstalt Th. Knaur Nachf., München.
Lizenzausgabe mit Genehmigung des Scherz Verlag,
Bern und München.

Titel des Originals: *Ich schenke euch mein Leben.*

Umschlaggestaltung: ZERO Werbeagentur, München
Umschlagabbildung: Ayya Khema
Druck und Bindung: Nørhaven Paperback, A/S
Printed in Denmark
ISBN 3-426-87197-1

2 4 5 3 1

Inhaltsverzeichnis

Stufen

Wie jede Blüte welkt und jede Jugend
Dem Alter weicht, blüht jede Lebensstufe,
Blüht jede Weisheit auch und jede Tugend
Zu ihrer Zeit und darf nicht ewig dauern.
Es muß das Herz bei jedem Lebensrufe
Bereit zum Abschied sein und Neubeginne,
Um sich in Tapferkeit und ohne Trauern
In andre, neue Bindungen zu geben.
Und jedem Anfang wohnt ein Zauber inne,
Der uns beschützt und der uns hilft, zu leben.

Wir sollen heiter Raum um Raum durchschreiten,
An keinem wie an einer Heimat hängen,
Der Weltgeist will nicht fesseln uns und engen,
Er will uns Stuf' um Stufe heben, weiten.
Kaum sind wir heimisch einem Lebenskreise
Und traulich eingewohnt, so droht Erschlaffen,
Nur wer bereit zu Aufbruch ist und Reise,
Mag lähmender Gewöhnung sich entraffen.

Es wird vielleicht auch noch die Todesstunde
Uns neuen Räumen jung entgegensenden,
Des Lebens Ruf an uns wird niemals enden …
Wohlan denn, Herz, nimm Abschied und gesunde!

Hermann Hesse

Der Kreis schließt sich

Es war ein sehr langer Weg von Berlin, meiner Geburtsstadt, bis hierher in das Buddha-Haus im Allgäu, in dem ich jetzt lebe. Beide Orte sind eigentlich nur 900 Kilometer voneinander entfernt. Aber dazwischen liegt ein ganzes Leben.Mit fünfzehn Jahren mußte ich Deutschland verlassen, da mir die Judenverfolgung keine andere Wahl mehr ließ. Heute bin ich vierundsiebzig und trage die braune Kutte einer buddhistischen Nonne.

Vieles habe ich gesehen und erlebt in diesen Jahren, und die äußere Reise, die mit meinem 15. Lebensjahr begann und mich über alle Erdteile führte, brachte mich schließlich in das Land meiner Geburt zurück.

Die innere Reise, auf die ich mich begeben hatte, half mir, Frieden zu finden und alles, was meiner Familie und mir geschehen ist, zu verzeihen. So wurde es für mich möglich, den Kreis zu schließen und am Ende meiner äußeren und inneren Reise in meine ehemalige Heimat zurückzukehren.

Kinderjahre in Berlin.

Vor dem Buddha-Haus im Allgäu.

Schon oft bin ich von Freunden, Schülern, Mitarbeitern gebeten worden, meine Autobiographie zu schreiben. Immer habe ich abgelehnt. Nonnen und Mönche sollten die Lehre des Buddha vermitteln, aber nicht über sich selbst erzählen.

Nun habe ich doch zugestimmt. Ich habe mich überzeugen lassen, daß meine Lebensgeschichte vielleicht für einige Menschen ein Anstoß sein könnte, ebenfalls einen neuen Weg nach innen zu beschreiten. Wenn man von den äußeren Umständen absieht, ist es ja die Geschichte einer durchschnittlichen Frau, die sich über viele Jahre in einer ganz gewöhnlichen Gedankenwelt bewegt hatte, dann aber in der Lage war, auszubrechen und zu neuen Bewußtseinsebenen vorzudringen.

Mein Leben ist recht abenteuerlich verlaufen. Das lag aber nicht an mir. Jetzt, wo ich zurückdenke, weiß ich, daß ich auf das meiste, was geschah, keinen Einfluß hatte. Die Entscheidungen sind ohne mich gefallen, und ich habe einfach mitgemacht.

Ich habe in diesem Leben viele Rollen angenommen: Ich war ein sehr behütetes Kind, ein ängstliches junges Mädchen in fremdem Land, allein auf einem Frachter nach Shanghai, Ehefrau, Mutter, Weltreisende, Bäuerin und nun Nonne.

Für einige Jahre habe ich ganz bürgerlich in einem kalifornischen Bungalow gewohnt: mit Garten, Garage und einer Waschmaschine in der Küche.

Ein paar Jahre lang bin ich durch die halbe Welt gereist: Südamerika, Indien, Pakistan, Nepal, Kaschmir, Hunza. Es war eine Zeit der Suche nach etwas, das ich damals noch nicht kannte und von dem ich nicht wußte, daß ich es tatsächlich eines Tages finden würde – viel, viel später.

Ich habe in einer Bank in Los Angeles gearbeitet und hatte eine Farm in Australien, wo wir Shetland Ponies gezüchtet haben. Meiner Ansicht nach ist ein neugeborenes Shetland Pony, das wie ein großer Pudel aussieht, das entzückendste Tier der Welt.

Alles das ist vorbei, vergangen und lebt nur noch in der Erinnerung. Wahrscheinlich haben diese zahlreichen Veränderungen und Abschiede meine Einsicht in die Notwendigkeit des Loslassens gefördert. Ein sichtbares Symbol dieses Loslassens waren für mich immer meine Haare, von denen ich Abschied nehmen mußte, als ich vor achtzehn Jahren Nonne wurde. Sie waren früher lang, dicht und dunkel gewesen. Dann wurden sie bis auf die Kopfhaut abgeschoren. Wie es üblich ist, hielt ich eine Strähne davon eine Zeitlang in der Hand, um über das «Nicht-Ich» der Körperlichkeit zu kontemplieren. Ich legte die Haare beiseite ohne jedes Bedauern, eigentlich mit einem Gefühl der Erleichterung. Ein Anhängsel weniger.

Hier beginnt nun die Geschichte meines Lebens, die ich «Ich schenke euch mein Leben» betitelt habe, weil ich das Gefühl habe, zu jedem Leser persönlich zu sprechen. Ich hoffe, daß es auch mit dem Herzen gelesen wird.

Jedem Kapitel ist ein Vers vorangestellt, von dem ich glaube, daß er zu dem betreffenden Abschnitt meines Lebens paßt. Die Verse stammen aus der Dhammapada, einer Sammlung von Sprüchen, welche der Buddha bei verschiedenen Gelegenheiten zum Wohle der Menschheit ausgesprochen hat. Ihre Weisheit hat mich schon viele Male beeindruckt. Ich möchte euch diese Lebensgeschichte von Herzen schenken.

März 1997

Ayya Khema
Buddha-Haus im Allgäu

Was immer Eltern einem tun
Und andere Verwandte auch:
Der Geist, der gut gerichtet ist,
Fügt einem noch viel Bess'res zu.

Dhammapada, Vers 43

Kindheit in Berlin

Ich bin am 25. August 1923 geboren. Meine Eltern Theodor Kussel und Lizzi, geborene Rosenthal, nannten mich Ilse. Mein Sternbild ist die Jungfrau. Im Lauf der Jahre haben sich aber meine typischen Jungfrau-Eigenschaften – fleißig, gewissenhaft, vernünftig – mehr und mehr in die kämpferischen Charaktermerkmale des Tierkreiszeichens Löwe umgewandelt. Den Löwen habe ich als Aszendenten.

Die Welt des Großbürgertums, in die ich hineingeboren wurde, gibt es heute nicht mehr. Wir lebten in einer Zwölf-Zimmer-Wohnung am Tiergarten, der besten Wohngegend im Westen Berlins. Wir hatten eine Köchin, ein Hausmädchen, ein Kinderfräulein und einen Chauffeur, der mich manchmal im Auto zur Schule brachte. Das Essen wurde vom Hausmädchen im schwarzen Kleid mit weißem Häubchen und weißer Schürze serviert. Wir hatten Damasttapeten, samtbezogene Stühle, Perserteppiche und silbernes Teegeschirr. Zum Putzen der Kristalleuchter kam alle drei Monate eine Arbeitsmannschaft.

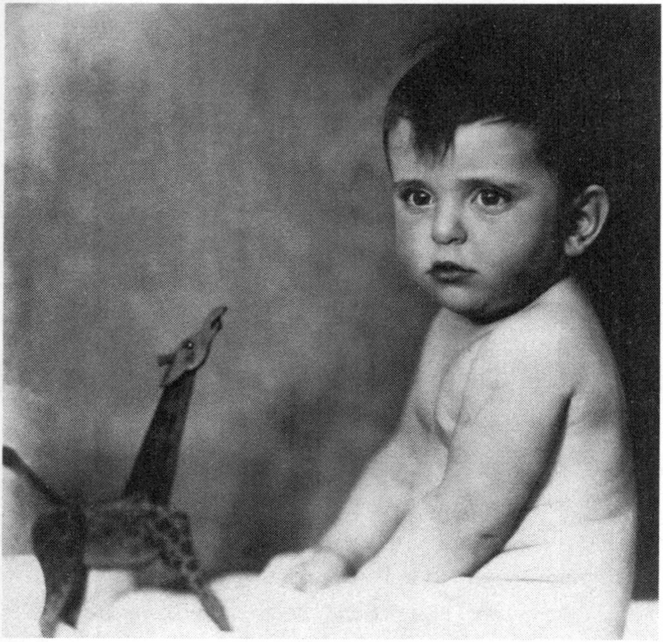

Berlin, 1924.

Ich erzähle das, weil diese Atmosphäre in mir das Gefühl erzeugte, daß mir absolut nichts passieren könnte. «Es ist alles in Ordnung, die Welt ist sicher und schön.» An dieses Grundgefühl erinnere ich mich sehr deutlich. Wie sehr ich mich täuschte, sollte sich bald erweisen.

Mein Vater war vereidigter Kursmakler an der Berliner Börse. Es gab dort sieben Makler, die anhand von Angebot und Nachfrage die Kurse der Aktien festsetzten, also einflußreich waren. Es handelte sich um eine Staatsanstellung.

Ich habe ihn einmal gefragt: «Papi, sind wir reich?» Darauf hat er geantwortet: «Wohlhabend, fast reich.»

Eines Tages hat mich mein Vater auf den Schoß genommen und etwas traurig gesagt: «Weißt du, Puppe, wir sind Juden.» Ich fragte zurück: «Ja, ist denn das was Schlechtes?» Er antwortete: «Im Prinzip nicht, aber im Moment schon.» Das war das erste Mal, daß mir vor Augen gehalten wurde, daß wir Juden waren, also etwas Spezielles.

Bis dahin war bei uns daheim vom Judentum überhaupt nicht die Rede gewesen. Meine Eltern waren, was man assimiliert nannte. Assimilierte Juden kümmerten sich nicht mehr um die Bräuche, die aus dem orthodoxen Judentum stammten.

Sie hatten sich an ihre Umwelt angepaßt und benahmen sich für einen oberflächlichen Beobachter wie jeder andere. Manche ließen sich taufen und fühlten sich wie Katholiken oder Protestanten. So weit ging man in meiner Familie nicht – wahrscheinlich, weil meine Eltern es nicht für wichtig hielten, welche Religion man hatte.

Sie fühlten sich als Deutsche. Mein Vater hatte im Ersten Weltkrieg das Eiserne Kreuz Erster Klasse für seine Tapferkeit bekommen, darauf war er stolz. Er erzählte mir, daß Friedrich der Große in Preußen die Juden aus den Ghettos herausgelassen hatte. Sie durften wohnen, wo sie wollten. Nach Ansicht dieses Staatsmanns sollte jeder nach seiner Façon selig werden. Vielleicht bemühten sich die Juden deshalb so eifrig, sich dem Bürgertum anzupassen. Sie hatten dem Staat gegenüber ein sehr loyales Gefühl, ein Gefühl der Dankbarkeit.

Ich erinnere mich genau, daß mein Vater öfters sagte, wie schön es doch sei, in einem Land wie Deutschland in Frieden leben zu können. Er muß es gesagt haben, als ich noch sehr klein war, denn bald sollte ja alles ganz anders kommen.

Mit Großvater und Mutter in Marienbad zur Kur.

Mein Großvater hatte ein Kindergarderobengeschäft in Berlin, Rankestraße Ecke Tauentzienstraße, direkt neben der Kaiser-Wilhelm-Gedächtniskirche, die ja heute ein Wahrzeichen für den Frieden ist, weil der übriggebliebene Turm der zerbombten Kirche vor Krieg warnen soll.

Als ich voriges Jahr zum ersten Mal nach all der Zeit wieder in Berlin war, habe ich das Haus gesucht. Es existiert nicht mehr. Auch die Häuser, in denen ich mit meinen Eltern gelebt habe, konnte ich nicht mehr finden. Meine Kindheit ist gewissermaßen spurlos verschwunden. Keine Orte mehr, die ich aufsuchen kann. Keine Gräber. Vielleicht ist deshalb das kleine Mädchen auf den paar Fotos, die ich noch besitze, so fern für mich. Ein kleines, stämmiges Mädchen mit einem runden Gesicht. Ich hatte immer rote Backen, daran erinnere ich mich. Das ist bis heute so.

Vor dem Kindermodengeschäft von Jakob Rosenthal war eine Droschkenhaltestelle. Eine Droschke war so etwas wie ein Pferde-Taxi. Jeden Samstag ist mein Opa mit mir in einem solchen Gefährt zum Zoo gefahren. Dort wurde für Kinder eine Tierparade veranstaltet. Man durfte sich aussuchen, auf welchem Tier man reiten wollte. Ich bin entweder auf einem Elefanten geritten (was ich ganz phantastisch fand, weil der Sitz hoch oben wie bei einer Bootsfahrt schaukelte), oder ich durfte mich in eine kleine Kutsche setzen, die von einer Ziege gezogen wurde. Das war auch wunderbar. Außerdem hatten sie im Zoo Automaten, in die man zehn Pfennig stecken konnte, dann kam eine Süßigkeit heraus.

Anschließend hat mich mein Großvater mit der Droschke nach Hause gebracht. Diese Sonnabende waren für mich das reine Glück. Meine Mutter war seine einzige Tochter, und ich seine einzige Enkelin. Er hat mich sehr lieb gehabt, und ich ihn auch.

In seinem Geschäft hatte er ein Stehpult, und darüber hing ein Schild an der Wand: «Wie man's macht, macht man's falsch«, stand darauf. Als ich einmal wissen wollte, was damit gemeint sei, sagte er: «Das heißt einfach, daß kein Mensch es allen Leuten recht machen kann.»

Er war ein lustiger, vergnügter Mensch. Als er starb, bekam meine Welt einen ersten Sprung. Wir waren wie jeden Sonntag zum Mittagessen bei meinen Großeltern. Hinterher hat er sich zu einem Mittagsschlaf hingelegt und ist nicht mehr aufgestanden. Er ist eingeschlafen, hat man mir gesagt. Meine Großmutter konnte das überhaupt nicht verkraften. Sie starb zwei Jahre nach ihm.

Staatliches Augusta Lyceum, Berlin 1932 (zweite Reihe, dritte von links).

«Glücklicherweise», haben wir später gesagt. Glücklicherweise gerade noch rechtzeitig. Das Todesjahr meines Großvaters war 1933, als ich gerade zehn Jahre alt war.

Eine Zeitlang lebte ich nach 1933 noch unter der Glocke der schönen Illusion von Sicherheit. Wenn sich meine Eltern Sorgen machten, so sprachen sie jedenfalls nicht in meiner Anwesenheit davon. Ich ging auf eine Privatschule und anschließend in das Staatliche Augusta-Lyceum. Ich hatte meine Freundinnen und meine Geburtstagseinladungen wie immer, und in unserer Küche waltete nach wie vor unsere Köchin Flora Brambor, die ich Flora Brummbär nannte, weil sie mich nicht in ihr Reich hineinlassen wollte.

1936, während der Olympiade, sah ich Adolf Hitler zum ersten Mal ganz aus der Nähe. Mein Vater hatte ein Billett für alle Veranstaltungen im Olympiastadion. Wenn er keine Zeit hatte, durfte ich hingehen. Es war ein sehr guter Platz, nicht weit von der Führerloge.

Während ich sonst vieles aus meiner Kindheit einfach vergessen habe, weiß ich von diesem Nachmittag noch jedes Detail. Vor allem habe ich den Lärm in den Ohren, als Tausende «Heil Hitler!» riefen. Alle standen auf und rissen die Hand hoch. Nur ich blieb sitzen. Ich durfte ihn ja als Jüdin nicht grüßen. Andererseits hatte ich Angst, daß mich jemand von meinem Platz wegholen könnte, weil ich mich nicht zum Führer bekannte. Aber ich war ja noch ein kleines Mädchen und fiel nicht weiter auf.

Adolf Hitler grüßte die Menge im Stehen, dann sprach er über den Lautsprecher ein paar Sätze. Seine Art des Sprechens, die abgehackte Betonung und seine unheimlich starke und erregende Stimme vergrößerten mein Gefühl der Angst. Ich spürte tief in mir die Bedrohung, die von ihm ausging.

Nach der Olympiade wurde die Judenpolitik immer radikaler. Weil Juden nicht mehr im Staatsdienst sein durften, verlor mein Vater seine Anstellung als Kursmakler. Vorerst konnte er noch als freier Makler an der Börse tätig sein, aber sein Einkommen war sehr viel niedriger.

Wir nahmen eine kleinere Wohnung und verzichteten auf das Auto und den Chauffeur. Außerdem durften Juden keine nicht-jüdischen Angestellten mehr haben. Das bedeutete, daß wir auch Köchin und Hausmädchen entlassen mußten. Als nächstes wurde verfügt, daß jüdische Kinder nicht mehr auf die gleiche Schule mit nicht-jüdischen Kindern gehen durften. Ich wechselte also auf eine der jüdischen Schulen über, die damals unter dem Druck der Verhältnisse quasi als Notlösung entstanden waren.

Ehrlich gesagt machte mir der Wechsel nicht viel aus. Alle unsere Verwandten und Bekannten sprachen von nichts anderem als von der Auswanderung. Das war ein viel interessanteres Thema als die Schule: Würden wir wegziehen, und wohin würden wir gehen? In die Tschechoslowakei wie mein Onkel Leo?

Mein Onkel Leo Kestenberg, verheiratet mit einer Schwester meines Vaters, war Ministerialrat für Musikerziehung gewesen, also ebenfalls Staatsbeamter, bevor er aus den genannten Gründen seine Stellung verlor. Er war der Klavierlehrer von Yehudi Menuhin.

Mich hätte er auch unterrichten sollen. Wir gingen einmal zu ihm, er spielte mir etwas vor, und ich sollte es nachspielen. Aber ich war dazu nicht imstande. Er sagte, mir fehle das Tongehör. Also brauchte ich keine Klavierstunden zu nehmen.

Die Tschechoslowakei erwies sich nicht als die richtige Wahl, dorthin kamen die Nationalsozialisten bekanntlich auch bald. Es gelang Onkel Leo, mit seiner Familie nach Israel zu fliehen. Dort gründete er das Israelische Philharmonische Orchester. Als einer der wenigen meiner Familie überlebte er mit Tante Grete und seinen Töchtern die Judenverfolgung.

Mein Vater war fatalerweise der Ansicht, daß Hitler sich auf die Dauer mit seinen Judenvernichtungsplänen in Deutschland nicht würde durchsetzen können. Er sagte, ein Volk, das Goethe und Schiller, Kant und Nietzsche, Bach und Beethoven hervorgebracht hätte, ein kultiviertes und intelligentes Volk, das ließe sich nicht von einer Regierung zu solch unmenschlichen Handlungen anstiften.

Er war nicht der einzige, der so dachte. Viele sagten: «Ja ja, das wird schon alles nicht so heiß gegessen, wie es gekocht wird. Wir bleiben, schließlich ist dies unser Vaterland, schließlich sind wir Deutsche ...»

Dann kam die sogenannte Judenabgabe. Das war offiziell eine Art Steuer, die die Juden an den Staat zu zahlen hatten. In Wirklichkeit war es eine Enteignung. Ich ging mit meinem Vater zum Finanzamt. Als er aus dem Zimmer kam, hat er geweint. Es war das erste Mal, daß ich meinen Vater weinen sah. Mein Gefühl von Sicherheit zerbrach in diesem Moment endgültig. Von da an wußte ich, daß die Welt nicht heil war. Ich tröstete ihn, daran erinnere ich mich genau. Ich fühlte mich so hilflos, und ihm ging es genauso.

Wir gaben unsere Wohnung auf und zogen zu Tante Wally. Sie war eine der Schwestern meines Vaters und war mit einem Christen verheiratet. Der verließ sie sofort, als die Judengesetze verhängt wurden.

Dort lebten wir also jetzt, und eines Tages rief uns der Portier von unten an. Ein paar Männer in Stiefeln seien im Treppenhaus unterwegs, vermutlich die Gestapo. Da wir die einzigen Juden im Haus waren, konnten wir uns ausrechnen, wohin sie wollten. Mein Vater ist über die Hintertreppe hinuntergelaufen, zwei Häuser weiter zu Tante Lieschen. Sie war eine Schwester seiner Mutter, und bei ihr hielt er sich versteckt.

Am Tag nach der Kristallnacht, als überall im Land die Synagogen angezündet und die jüdischen Geschäfte geplündert wurden, ging ich zufällig an der brennenden Synagoge in der Fasanenstraße vorbei. Ich war nicht religiös erzogen, aber ich kannte den Platz und das Gebäude. Da stand der Pöbel und warf die Thorarollen, die heiligen Schriften, in die Flammen. Ein paar gläubige Juden, die das mit ansehen mußten, haben geweint. Es war ein erschütterndes Erlebnis für mich, ein unglaublicher Schock. Als ich nach Hause kam, war ich vollkommen weiß im Gesicht, meine roten Backen waren verschwunden.

Jetzt war es klar: wir mußten weg. Aber es war schon fast zu spät. Mein Vater kaufte Visa für Uruguay, die sich als gefälscht herausstellten. Mit der Not von Menschen läßt sich gut Geld verdienen, das war damals so wie heute.

Das einzige Land der Welt, das Juden ohne Visa aufnahm, war China. Also kaufte mein Vater bei Lloyd Triestino für sich und meine Mutter zwei Schiffspassagen von Triest nach Shanghai, jede für 10 000 Mark. Das war ein Irrsinnspreis und nahezu alles, was wir nach Abzug der Judenabgabe noch hatten. Für mich war schon ein Kindertransport nach England beantragt, wo ein Onkel von mir lebte. England, fanden meine Eltern, war für ein fünfzehnjähriges Mädchen sicherer als die berüchtigte Hafenstadt Shanghai.

Ich begleitete meine Eltern zum Anhalter Bahnhof, von wo der Zug nach Triest fuhr. Kaum war meine Mutter im Abteil angekommen, wurde sie ohnmächtig. Ich stand draußen, mein Vater winkte am Fenster. Ich wäre auch gern ohnmächtig geworden, ich hatte solche Angst allein in Berlin.

Tante Wally war da. Sie war rührend um mich besorgt. Ein paar Freunde und Freundinnen gab es noch. Aber da war die Angst. Was ist, wenn die Nazis mich abholen? Was machen sie mit mir? Ich wußte noch nichts von den Konzentrationslagern und davon, was dort geschah. Ich hatte einfach nur Angst. Seit dem Anblick der brennenden Synagoge hatte ich das Gefühl, daß die Zukunft etwas Ungewisses und Schreckliches war. Jeden Tag empfand ich diese Angst stärker.

Um überhaupt etwas zu machen, lernte ich Spanisch an einer Sprachenschule. Ich erinnere mich genau an meinen ersten spanischen Satz: «Nuestra escuela esta en una calle muy hermosa. Tiene tres pisos con muchas salles grandes.»

Im April 1939 bekam ich endlich die Nachricht von der jüdischen Gemeinde Berlins, daß ein Platz auf einem Kindertransport für mich frei war. Ich packte ein paar Sachen ein, Kleider, meine liebsten Kinderbücher. Man durfte nur einen Rucksack und einen kleinen Koffer mitnehmen, und darin durfte kein Geld sein, weder Gold noch Silber, überhaupt nichts Wertvolles. Auf diese Weise wurden neuntausend Kinder gerettet; neunzigtausend wurden umgebracht.

Wieder der Bahnhof und ein Zug, der am Bahnsteig wartete. Wir sollten nach Hamburg gebracht werden, von dort ging ein Schiff nach Dover. Ich war die Älteste von den zweihundert Kindern dieses Transports, die mit ihren Rucksäcken und Köfferchen einstiegen. Und ich war die einzige, bei der die Polizei eine Leibesvisitation vornahm. Es gab aber nichts zu finden.

Die Kinder waren zwischen zwei und fünfzehn Jahre alt. Die meisten weinten herzzerreißend. Ihre Eltern standen vor den Absperrungen. Den Bahnsteig selbst durften sie nicht betreten. Dann fuhr er los, dieser Zug der Tränen. Die Kinder preßten ihre Gesichter an die Fenster und schrien. Ich weinte nicht. Ich hatte die Trennung von meinen Eltern schon hinter mir. Tante Wally mußte ich hinter dem Bahnsteig zurücklassen, aber das war ja nun nicht mehr so schlimm.

Tante Wally habe ich nie wiedergesehen, überhaupt keinen einzigen von den Verwandten und Bekannten, die in Berlin zurückblieben. Als der Krieg zu Ende war, habe ich über das Rote Kreuz versucht, sie ausfindig zu machen. Ohne Erfolg.

Vor kurzem ist jetzt ein Berliner Gedenkbuch der jüdischen Opfer des Nationalsozialismus, herausgegeben vom Institut für sozialwissenschaftliche Forschung der Freien Universität Berlin, erschienen. Ein dicker Wälzer mit 1450 Seiten. Darin sind die Namen aufgezählt, bei den Frauen auch die Mädchennamen, die Adressen, Geburtsdaten, Tag der Deportation, Ziel der Deportation und – wenn bekannt – auch der Tag des Todes. Meist steht da aber nur: verschollen.

In diesem Buch habe ich Tante Wally gefunden. Wally Seidl, geborene Kussel, geboren am 27.9.1883 in Berlin, wohnhaft Stromstraße 69, Transport am 5.3.1943 nach Auschwitz, Todesort Auschwitz. Verschollen.

Und da ist auch Tante Lieschen, bei der sich mein Vater versteckt hatte. Geboren am 27.10.1861 in Gentin, Provinz Sachsen, Alterstransport am 23.7.1942 nach Theresienstadt. Todesort Minsk. Verschollen.

Außerdem noch viele Namen meiner Verwandten und Freunde. Ich habe keine Fotos, es existieren keine Grabsteine. Nur dieses Buch und meine Erinnerungen.

Unstet ist jede Daseinsform:
Wenn dies mit Einsicht man erkennt,
Dann löst man sich vom Leiden los.

Dhammapada, Vers 277

Die Flucht ins Exil

In meinem ganzen Leben habe ich mich nicht mehr so einsam gefühlt wie auf dieser Reise im Zug von Berlin nach Hamburg. So verlassen von aller Welt. Ausgeliefert einem vollkommen ungewissen Schicksal. Ich habe nicht geweint; in mir war alles starr vor Angst. Was ein Kind verlieren konnte, hatte ich verloren: Elternhaus, Familie, Heimat. Keine Ahnung hatte ich, was mich erwartete.

Heimat ist der Inbegriff von Zugehörigkeit und Geborgenheit. Von nun an war ich nie mehr irgendwo wirklich zu Hause. Die Vertrautheit, die Zuversicht, die Wärme, das waren Gefühle von gestern. Sie blieben zurück in Berlin. – Für immer. Ich habe gesagt, daß ich heute sehr gern im Allgäu bin. Das stimmt, aber ich bin immer bereit, meinen Koffer zu packen und an einem anderen Ort zu leben, irgendwo in der Welt.

Auch den Begriff «mein» gibt es für mich nicht mehr: meine Heimat, mein Haus, mein Schreibtisch. Ich habe nicht die Vorstellung, daß mir etwas wirklich gehört oder zusteht. Das sage ich heute ohne Bedauern, da diese Einstellung meiner innersten Überzeugung entspricht. Auch der Buddha lehrte den Verzicht auf Eigentum, aber ich kannte dieses Gefühl schon lange vorher, als ich vom Buddhismus noch gar nichts wußte.

Wir fuhren auf einem deutschen Schiff mit deutschen Matrosen nach England. Den Matrosen taten die vielen kleinen Kinder offenbar leid. Sie waren sehr nett zu uns und zeigten uns das ganze Schiff vom Theatersaal bis zum Maschinenraum, nur damit das Weinen aufhörte. Den Speisesaal hatten sie mit Papierschlangen dekoriert, und es gab sogar Eis zum Nachtisch. Aber bei den ganz Kleinen hat das nicht funktioniert, die wollten auch nichts essen und riefen immer nur nach Mama und Papa. In unsere Kabine, in der wir zu sechst waren, kam abends ein Matrose und erzählte Märchen, bis wir schließlich alle einschliefen. Ich vergesse nie, wie liebevoll diese Matrosen zu uns gewesen sind. Wir waren in den Augen ihrer Regierung doch nichts als Abschaum ...

In Dover stiegen wir in einen Zug nach London. Dort erwartete uns auf dem Bahnhof ein Empfangskomitee der jüdischen Gemeinde, etwa dreißig Damen an langen Tischen mit Limonade, süßen Keksen und Sandwiches. Von einer Liste wurden unsere Namen verlesen und unsere Zielorte. «Kussel, Ilse – Glasgow.»

Ich mußte also nach Glasgow. Es gab noch zwei kleinere Mädchen, die auch nach Glasgow sollten. Wir wurden von einer englischsprechenden Dame in einen Zug gesetzt. Sie gab uns auch noch ein bißchen Geld mit, ein englisches Pfund oder so, und eine Tüte mit Essen.

Ich konnte kein Wort Englisch, außer «good morning, good evening, please, thank you». Und kein Mensch sprach hier ein Wort Deutsch. Ganz kurz dachte ich, daß es vielleicht besser gewesen wäre, in meiner Berliner Sprachenschule Englisch zu lernen statt Spanisch.

Außerdem hatte ich keine Ahnung, wo Glasgow lag, auch nicht, daß es die größte Stadt Schottlands war. Bei jeder Station guckte ich aus dem Fenster, ob das schon Glasgow war. Mein Blick fiel immer wieder auf ein Schild, auf dem «Players please» stand. Das war die meistgerauchte Zigarette in England, aber das wußte ich natürlich auch nicht. Ich wunderte mich, daß die Orte alle «Players please» hießen.

Es wurde kalt im Zug, dann wurde es Nacht, und wir fuhren immer weiter und weiter. Dann kam endlich ein Schaffner. «Glasgow», sagte ich zu ihm, «Glasgow?» Er gab mir zu verstehen, daß das die Endstation war. Sofort fielen mir die Augen zu. Solange der Zug fuhr, konnten wir also sitzen bleiben.

Am nächsten Morgen war dann die Endstation erreicht. Die Familie, zu der ich kommen sollte, stand am Bahnhof. Vater, Mutter, sieben Kinder. Sie konnten kein Deutsch, sie sprachen Jiddisch. Nun basiert die jiddische Mundart auf dem Deutschen, deshalb erwarteten sie wohl, daß ich es auch konnte. In jedem orthodoxen jüdischen Haushalt wird Jiddisch gesprochen, aber wie schon erwähnt, war mein Elternhaus nicht orthodox jüdisch.

Meine Gastfamilie war russisch-jüdischer Herkunft. Daß ich nicht mit ihnen reden konnte, war ein Malheur, aber kein großes. Das wirkliche Problem lag anderswo: sie hatten sich gemeldet, mich aufzunehmen, weil sie jemanden brauchten, der der Mutter im Haushalt mit den sieben Kindern helfen sollte. Und da hatten sie nun die denkbar ungeeigneteste Person bekommen, die man sich überhaupt vorstellen konnte. Dank Flora Brummbär, unserer Köchin, die mich nie in ihre Küche gelassen hatte, wußte ich nicht einmal, wann Wasser kocht.

Ich sollte Kopfkissen beziehen und hatte das noch nie im Leben gemacht. Ich sollte das Feuer in den offenen Kaminen schüren und wußte nicht, daß man dazu Papier braucht.

Die Frau wurde immer weniger und weniger freundlich zu mir, wogegen der Mann sagte: «Ach laß sie doch, sie ist doch noch ein Kind.» Sie sagten das auf jiddisch, weil sie dachten, wenn ich es nicht sprechen kann, verstehe ich es auch nicht. Aber ich verstand es schon, weil es dem Deutschen doch sehr ähnlich war.

In der Schule, in die ich jeden Tag ging, verstand ich allerdings kein Wort. Englisch gelernt habe ich im Kino. Da kostete der billigste Platz sechs Pence, das konnte ich von meinem kleinen Taschengeld bezahlen. Nach drei Monaten sprach ich perfekt Englisch, filmreif sozusagen.

Alles zu verstehen, hatte allerdings nicht nur Vorteile. Als mich einmal eine Mitschülerin zu ihrer Geburtstagsparty einladen wollte, bekam ich mit, wie ihre Mutter sagte: «Dieses Flüchtlingskind kommt nicht in mein Haus.» Es war nicht die einzige Diskriminierung, die ich mit anhören mußte. Ein Junge wollte mich einmal zu einem Universitätsball mitnehmen. Ich war ja inzwischen sechzehn und sah, glaube ich, ganz niedlich aus. Seine Mutter meinte: «Was, ausgerechnet diese Ausländerin?» Er antwortete: «Was ist an ihr anders als an einem anderen Mädel?»

Was an mir anders war, läßt sich mit einem Wort ausdrücken: ich war unglücklich. Ich gehörte nicht hierher an diesen Platz, an den es mich verschlagen hatte. Alles war fremd und kalt, nicht nur das Menschliche, sondern auch das Wetter. Kalt und naß. Aber ich habe immer sehr viel Willenskraft gehabt, und deshalb hatte ich mir eisern vorgenommen: ein Jahr hältst du es aus. Dann sehen wir weiter. Vorher jammerst du nicht.

Das Jahr ging vorbei, mittendrin brach der Krieg aus. Ich schrieb meinem Vater nach Shanghai, daß ich so unglücklich sei. «Ich möchte zu euch», schrieb ich.

Es dauerte monatelang, bis endlich im Sommer 1940 die Antwort kam. Die erste deutsche Bombe auf England war bereits bei Edinburgh gefallen. Mein Vater schrieb: «Wenn du unglücklich bist, dann komm.» Meine Eltern hatten inzwischen eine Wohnung in Shanghai, mein Vater hatte ein Konfektionsgeschäft gegründet, das gut ging. Fertigkleidung war damals in China etwas Neues. Bis auf die Tatsache, daß sie so weit weg waren, war also alles okay.

Ein Onkel in London sollte mir das Schiffsbillett besorgen. Das dauerte aber eine Ewigkeit. Schließlich kam das Billett im November 1940.

Ich sagte der Familie, bei der ich lebte, daß ich meine Eltern wiedersehen wollte. Die Familie nahm meine Reisepläne zur Kenntnis, ohne ein Wort darüber zu verlieren. Wahrscheinlich waren sie ja froh, daß ich ging, aber das sagten sie auch nicht.

Mein Onkel, den ich bis dahin kaum kannte, hatte mir das Ticket für den Bus von Glasgow nach London geschickt. In London wollte er mir die Papiere besorgen, die ich für die Reise brauchte. Ich war ja staatenlos, die Nazis hatten mir meinen deutschen Paß abgenommen.

Ich weiß noch genau: es war abends, ich sagte der Familie auf Wiedersehen. Sie fragten mich nicht, «hast du denn etwas Geld für unterwegs?» Ich ging mit meinem Koffer und dem alten Rucksäckchen, mit dem ich gekommen war, bei völliger Kriegsverdunklung allein zur Bus-Station. Als die Vordertür zuschlug, kam ich mir vollkommen verlassen vor. Eine unerwünschte Person ohne Geld, ohne Ausweispapiere, allein unter fremden Menschen im fremden Land.

Heute weiß ich: ich habe eben nicht den Erwartungen der Familie entsprochen. Ich war unglücklich bei ihnen, und sie waren auch nicht glücklich mit mir. Vor einigen Jahren habe ich die Adresse von Mimmie herausgefunden. Das war die Tochter, mit der ich mich am besten verstanden hatte. Ich habe ihr geschrieben und mich bei ihr und der Familie bedankt. Wenn sie mich nicht aufgenommen hätten, wäre ich ja umgekommen, wie 90 000 andere Berliner Kinder. Wir korrespondieren seither ein bißchen, mein Leben interessiert sie.

Die zwölfstündige Fahrt damals von Glasgow nach London kam mir entsetzlich vor, auch, weil ich großen Hunger hatte. Die anderen Fahrgäste stiegen unterwegs immer wieder mal an einem Bus-Stop aus, um sich etwas zu essen zu kaufen. Ich hatte aber keinen Pfennig Geld. In London angekommen, mußte ich einen Vorübergehenden fragen, ob er mir Geld zum Telefonieren geben könne. Das nennt man eigentlich Betteln. Er hat es mir gegeben, es war ja nicht viel.

Wenn ich jetzt daran denke, fällt mir eine Episode aus jener anderen Zeit ein, in der ich ein glückliches, sorgloses Kind war. Ich war mit meinem Vater im Zoo, wir gingen durch das Elefantentor hinaus, und dort saß ein Bettler. Ich sehe ihn deutlich vor mir. Er hatte nur ein Bein und einen Kasten auf dem Schoß, in dem waren Bleistifte zum Verkauf. Mein Vater legte eine Münze in seinen Kasten, und ich dachte: das könnte ich auch sein. Es könnte mir auch passieren, daß ich da sitze und bettle. Ich muß sehr brav sein, damit es nicht so weit kommt.

Ich war vielleicht fünf und wußte nichts von Religion und natürlich überhaupt nichts vom Buddha. Aber was ich damals schon intuitiv erfaßte, war die Lehre von Karma, von Ursache und Wirkung, die ich unter diesem Namen erst viel, viel später kennengelernt habe: schlechte Handlungen verursachen schlechtes Karma. Wenn man Schlechtes tut, wird man übel dran sein, so wie dieser Bettler. Es ist merkwürdig, wie tief sich dieses Erlebnis bei mir eingeprägt hat.

Mein Onkel in London war Anwalt. Er war schon bald nach 1933 aus Deutschland ausgewandert, also vorausschauender gewesen als mein Vater. Er wohnte nicht in London, sondern ziemlich weit außerhalb. Am Telefon erklärte er mir, wie ich dort hinkommen sollte, die Fahrkarte werde er nach meiner Ankunft beim Zugschaffner bezahlen.

Es war ein grauer Morgen. Ich fühlte mich unendlich müde. Alles, jede Kleinigkeit in meinem Leben, war mit Schwierigkeiten verbunden. Es ist ja gar nicht so einfach, einem Bahnbediensteten auseinanderzusetzen, daß die Reise erst hinterher bezahlt wird. Nichts war leicht, nichts ging von selbst. Daran hatte ich mich immer noch nicht gewöhnt.

Mein Onkel holte mich am Bahnhof ab. Der Schaffner bekam ein Trinkgeld, und ich hatte zum ersten Mal das Gefühl, erwartet zu werden. Es war ein wunderbares Gefühl.

Ich blieb ein paar Tage bei ihm und seiner Tochter, meiner Cousine Steffi. Bei einem für Ausländer zuständigen Amt in London besorgte er einen provisorischen Ausweis für mich. Er gab mir ein goldenes Zigarettenetui und ein paar Wertsachen für meinen Vater. Und dann saß ich wieder allein im Zug. Es war Dezember. Ich war im August siebzehn Jahre alt geworden.

Im Hafen von Liverpool lag mein Schiff. Als ich es sah, erschrak ich. Es sah nicht aus wie ein Schiff, mit dem man getrost auf eine große Reise ging. Eher wie ein Seelenverkäufer aus einem Piratenfilm: rostig, heruntergekommen. Es hieß «Haruna maru». Auf dem Deck wehte eine japanische Flagge. Europa war ja im Krieg. Es gab keine europäischen Schiffe mehr für den Zivilverkehr.

Die «Haruna maru» war ein 10 000-Tonnen-Frachter, ein ziemlich kleines Ding also. Japanische Matrosen wimmelten herum, Kisten, Säcke, Fässer wurden eingeladen. Wir waren zwölf Fahrgäste, englische Missionare, zwei pakistanische Kaufleute, ein indischer Arzt. Der letztere sollte mir im Laufe dieser Reise einen Heiratsantrag machen. Ich war das einzige junge weibliche Wesen an Bord. Es war sehr schwer, ihm klarzumachen, daß ich zu diesem Zeitpunkt alles andere im Kopf hatte als den Gedanken ans Heiraten.

Ich erinnere mich an diese Reise als ein merkwürdiges Gemisch von Alptraum und Schönheit. Ich war noch nie auf dem Meer gewesen. Nichts anderes zu sehen als Wasser und Himmel, einen springenden Fisch hie und da, das Heben und Senken des Horizonts, die wechselnden Farben zwischen Grau, Blau und Grün und darunter die schwarze Tiefe zu ahnen – das war herrlich.

Aber es überwogen doch die Alpträume. Einmal im Mittelmeer nahmen wir Überlebende von einem schwedischen Schiff auf, das von den Deutschen bombardiert worden war. Ein neutrales Schiff also, aber es war doch versenkt worden. Die Menschen trieben im Wasser und schrien. Danach hatte ich kein Zutrauen mehr zu unserer großen japanischen Flagge. Wer konnte garantieren, daß wir nicht auch eine Zielscheibe sein würden? Wir fuhren nachts vollkommen abgedunkelt, alle Bullaugen wurden schwarz zugestrichen. Dieses Schleichen in der Dunkelheit ging allen an Bord auf die Nerven.

Ein Matrose drehte durch und lief Amok. Er raste durchs Schiff und schlug alles kurz und klein. Ich war in meiner Kabine und machte die Tür auf, weil ich wissen wollte, was los war. Da rannte er auf mich zu, in jeder Hand eine zerbrochene Flasche, Schaum vor dem Mund, schreiend. Irgend jemand stieß mich zurück in die Kabine. Der Amokläufer wurde überwältigt und für den Rest der Fahrt eingesperrt. Sein Gesicht vergesse ich nicht. Seither weiß ich, was Amok ist: eine plötzliche Geistesstörung, ein Ausbruch von Unmenschlichkeit, von erschreckender tierischer Gewalt.

Jeder von uns zwölf Passagieren hatte eine kleine Kabine, in der ein Bett stand, ein Kasten und sonst nichts. Zum Essen gingen wir in einen Raum, in dem kleine eiserne Tische standen, unter denen kleine Feuer brannten. Man saß auf dem Boden auf dem Kissen und briet sich über diesem Feuer rohe Fische und rohes Gemüse.

Ich konnte das nicht. Ich vertrug dieses halbrohe Essen nicht, auch wenn es jemand anderer für mich zubereitete. Ich weiß nicht mehr, wovon ich mich während der Überfahrt ernährt habe. Von irgendwelchen Keksen wahrscheinlich und kleinen Fettküchlein, die manchmal aus der Schiffsküche kamen. Mir war die ganze Zeit schlecht, mir wird heute noch schlecht, wenn ich daran denke. Das war die schlimmste Quälerei.

Und die Hitze! Es war noch Winter, als wir vom Mittelmeer in den Suezkanal einfuhren. Von da an wurde es heiß. Wir hielten in Bombay, in Colombo, ein Ort heißer als der andere. Ich durfte nie mit den anderen von Bord. Mein Ausweis genügte nicht als Paß, ich mußte in dem engen, in der Sonne kochenden Schiff zurückbleiben.

Indischer Ozean, die Südchinesische See, dann ging es wieder nach Norden. Acht Wochen dauerte die Reise. Am 29. Februar 1941, daran kann ich mich genau erinnern, sind wir in Shanghai angekommen. Und an diesem Tag hat es in Shanghai seit hundert Jahren zum ersten Mal geschneit.

Wer da, was echt, als echt erkennt,
Als unecht das, was unecht ist,
Dem rechten Denken zugetan,
Dem wird das Echte bald zuteil.

Dhammapada, Vers 12

Kriegsjahre in Shanghai

Nach der Reichskristallnacht 1938 kursierte unter den Juden von Berlin ein Witz: Stellen sich zwei jüdische Freunde um Reisepässe an. Der eine möchte nach Amerika. «Wo willst du hin?», fragt er den anderen. «Nach Shanghai», sagt der. «So weit?», fragt der erste. «Weit von wo?», sagt der Freund.

Es gehört schon ein besonderer Humor dazu, Witze mit einer so bitteren Pointe zu erfinden. Die Juden haben eine besondere Begabung dafür – vielleicht, weil sie in ihrer Geschichte schon so viel Unglück erleben mußten. Es gibt Hunderte von Auswandererwitzen, die mit der fürchterlichen Bedrängnis zu tun haben, in der sich die jüdischen Menschen befanden.

Ich habe schon erwähnt, daß Shanghai damals die letzte Zuflucht für europäische Juden war. Die meisten Staaten hatten ihre Grenzen geschlossen. Uruguay schickte ein großes Schiff mit vielen Auswanderern – oder Einwanderern, je nachdem, von welcher Seite man es betrachtet –

In einer Rikscha vor unserem Haus im französischen Sektor 1942.
Im Hintergrund mein Vater.

wieder zurück nach Deutschland. Amerika und Australien nahmen nur noch ausgewählte Personen auf.

Shanghai war aufgrund eines hundert Jahre zurückliegenden britisch-chinesischen Abkommens eine offene Stadt, die kein Einreisevisum verlangte. Zwischen 1938 und 1941 retteten sich 20 000 Juden hierher. Weit weg von zu Hause und doch nicht weit genug, wie sich bald herausstellen würde.

Meine Eltern standen unten am Kai, als die «Haruna maru» anlegte. Ein Stein, nein, zehn riesige Felsbrocken fielen mir vom Herzen, als ich sie sah. Mein Vater hatte einen schwarzen Mantel an, denselben, den er in Berlin getragen hatte.

Mit meinem Gepäck, in dem sich ja auch das angstvoll gehütete goldene Zigarettenetui meines Onkels in London befand, stiegen wir in zwei Rikschas. Es war sehr kalt, durch die Straßen Shanghais wehte der eisige Wind aus der mongolischen Steppe. Trotzdem schwitzten die beiden Rikscha-Kulis, die uns zogen, so stark, daß der Dampf von ihnen aufstieg. Daran konnte ich mich nie gewöhnen, daß man sich von Menschen ziehen läßt. Ich erfuhr, daß die Kulis nicht lange lebten, sie arbeiteten sich buchstäblich die Lunge aus dem Leib. Aber das war eben so in Shanghai, daran ließ sich nichts ändern – jedenfalls nicht durch mich. Ich war froh, als die ersten Fahrrad-Rikschas aufkamen.

Wir fuhren in den französischen Teil der Stadt. Shanghai war damals ein internationaler Freihafen mit einem französischen, einem britischen, einem amerikanischen und einem chinesischen Viertel. Eine furchtbar häßliche Stadt, fand ich an diesem Wintertag, mit Ausnahme der breiten Uferstraße, an der die Engländer ihre Banken und Geschäftsgebäude gebaut hatten.

Vor einem Appartementhaus, das sehr hübsch aussah, hielten unsere Rikschas. Ich ging mit meinen Eltern die Treppe hoch, mein Vater machte die Tür auf, und ich trat in eine Wohnung mit Möbeln aus Berlin. Irgendwie hatten es meine Eltern geschafft, ein paar Sessel, Bilder und Perserteppiche per Schiff nachkommen zu lassen. Es war ein ganz unwirklicher Anblick: die vertrauten Sachen hier in der Fremde.

Mein Vater hatte zusammen mit drei anderen jüdischen Emigranten aus Berlin ein Konfektionshaus für Damenmode aufgemacht. Es war ein elegantes Geschäft neben dem Palace-Hotel, und es ging sehr gut. Die Damen von Shanghai waren ganz wild auf europäische Fertigkleider, so etwas hatte es vorher dort nicht gegeben. Ich wurde übrigens auch in Vatis Geschäft eingekleidet. Meine Röckchen und

Mit den Eltern vor unserem Haus im französischen Sektor 1942 (vor der japanischen Besetzung).

Blusen, die ich aus Berlin nach Schottland und von Schottland nach China mitgenommen hatte, waren mir inzwischen viel zu kurz und zu knapp geworden.

Ich hatte keinen Schulabschluß, kein Zeugnis, nichts. Mein Vater schickte mich in Shanghai auf die Handelsschule. «Du wirst dein ganzes Leben lang davon profitieren, wenn du Schreibmaschine schreiben kannst», sagte er. Das war sehr weitblickend. Ich sitze ja heute noch jeden Tag an der Schreibmaschine. Und weil ich auch noch Stenographie und Buchhaltung lernte, war ich später in der Lage, jahrelang den Lebensunterhalt für meine Familie zu bestreiten.

Nachmittags, nach der Schule, ging ich Tennis spielen. Jung und sorglos – eine kurze Zeit konnte ich das in Shanghai noch einmal sein.

Im Dezember 1941 brach der Krieg im Pazifik aus. Die Japaner eroberten unter anderem auch Shanghai. Im Februar 1943 erließen sie eine Proklamation: Die europäischen Flüchtlinge, also die Juden, wurden in den Stadtteil Hongkew eingewiesen. Ein Ghetto, ohne Mauer, aber mit Stacheldraht, unter Kontrolle der japanischen Militärbehörden. Das geschah auf Drängen der Deutschen. Die Japaner waren die Verbündeten Deutschlands, und den Nazis war Shanghai nicht zu weit weg, um die Juden nicht auch dort zu verfolgen.

Für uns bedeutete es: Aufgabe unserer Wohnung und unseres Geschäfts. Mein Vater hatte zum zweiten Mal die Existenz verloren. Ich glaube, daß ihn das sehr mitgenommen hat. Er war ja kein junger Mann mehr.

Wir mieteten zwei Zimmer in Hongkew und nahmen unsere Möbel und Teppiche dorthin mit. Ein bißchen Kristall hatten wir auch noch. Vom Verkauf dieser Sachen haben wir uns dann größtenteils ernährt.

In dieser Zeit habe ich gelernt, daß das Leben auch unter widrigsten Umständen weitergeht. In unserem Ghetto mit ungefähr 18 000 Bewohnern aus Deutschland, der Tschechoslowakei, Polen, Österreich und allen Ländern, in denen Hitler herrschte, entstand eine kleine Gemeinde mit Krankenhaus, Schule, mit einem Theater, mit Wiener Kaffeehäusern, in denen es Sachertorte und Apfelstrudel gab. Wir hatten eine Zeitung und eine Art Sozialhilfe für Kinder und alte Leute. Die Kindersterblichkeit in Hongkew war wegen der unzureichenden Hygiene und weil kaum Milch zu bekommen war, sehr hoch.

Ich verließ jeden Morgen das Ghetto und kam abends heim. Ich hatte einen Job bei einer Exportfirma. Was ich verdiente, gab ich meinem Vater. Wir lebten sehr karg. Es gab eine Suppenküche, zu der wir gingen. Was dort gekocht wurde, war genießbar, aber es war immer das gleiche: Eine Buchweizensuppe, in der etwas Gemüse herumschwamm. Und dazu bekam man Brot, das ältere Leute überhaupt nicht essen konnten, weil es steinhart war. An Festtagen haben wir 20 Gramm Leberwurst gekauft oder eine Unze Kaffee. Dafür mußten irrsinnige Preise bezahlt werden.

Mein Vater hatte eine Landkarte an der Wand, auf der er mit kleinen Stecknadeln den Vormarsch der Alliierten aufzeichnete. Es war uns verboten, ein Radio zu haben. Aber junge Burschen haben Radios selbst gebaut und unter ihren Matratzen versteckt, so daß man doch immer wieder Nachrichten über den Kriegsverlauf bekommen konnte. Wir konnten mitverfolgen, wo die Amerikaner standen und wann dieser Alpdruck für uns endlich ein Ende haben sollte.

Eines Tages fielen Bomben auf unser Ghetto. Es krachte, ich ging ein paar Schritte vors Haus. Neben mir stand ein Bekannter, und auf einmal war er wie vom Erdboden verschluckt. Eine Explosion, ein Riesenkrater, und der Mann war verschwunden. Da wurde ich das einzige Mal in meinem Leben hysterisch. Ich schrie und konnte nicht mehr aufhören, bis mir mein Vater eine Ohrfeige gab. «Da ist jetzt nichts zu machen, sei ruhig!» rief er.

Und ich wurde ruhig. Nie wieder bin ich ausgerastet, es ist auch gar nicht meine Art. Aber dieses Erlebnis war zuviel für mich: Ich stehe neben jemandem, und er wird vor meinen Augen in mikroskopisch kleine Teile zerrissen. Er war Musiker gewesen in einem der jüdischen Cafés, ich hatte ihm immer gern zugehört.

Viele Bomben sind an diesem Tag gefallen, viele Menschen wurden getötet. In der Straße vor unserem Haus floß das Blut wie Regenwasser. Die amerikanischen Flieger wollten eine japanische Radiostation treffen und hatten ihr Ziel verfehlt.

Vielleicht liegt es auch an diesem Erlebnis, daß ich die Angst vor dem Tod völlig verloren habe. Ich habe mir seitdem nie mehr Sorgen darüber gemacht, ob ich sterben würde oder nicht. Im einen Moment ist man da, im nächsten ist man weg. Das lernte ich sehr früh.

Im August 1945, kurz bevor die Atombomben auf Hiroshima und Nagasaki fielen und der Krieg aufgrund der furchtbaren Folgen zu Ende war, bekam mein Vater Schmerzen. Der Arzt, der ihn untersuchte, diagnostizierte Nierensteine und sagte, die Steine müßten raus. Mein Vater kam ins Krankenhaus. Natürlich waren die äußeren Bedingungen nicht optimal, aber wir waren alle der Ansicht, daß er das schaffen würde.

An dem Tag, an dem er operiert werden sollte, bekam er ein bißchen Fieber. Die Operation wurde verschoben. Am nächsten Tag besuchte ich ihn. Da nahm ein Arzt mich beiseite und sagte: «Ihr Vater kann das nicht überleben.» Er hatte sich im Krankenhaus bei einem japanischen Soldaten, der todkrank eingeliefert worden war, mit Enzephalitis, Gehirnhautentzündung, angesteckt. Dagegen gab es kein Mittel. Man hatte noch kein Penizillin.

Ich ging zu meinem Vater ins Zimmer. Er lag im Bett und war sehr schwach. Er wußte, daß er sterben würde. Jeder Sterbende weiß das. Er war bei vollem Bewußtsein. Ich sagte zu ihm: «Vati, ich komm gleich wieder, ich hole nur

Mutti.» Dann rannte ich wie wahnsinnig nach Hause, während mir die Tränen an den Backen herunterliefen.

Zurück im Krankenhaus, versuchte ich, ihm mit dem Löffel ein bißchen Suppe zu geben. Er konnte nicht mehr schlucken. Er war ganz ruhig. Er sagte, daß ich doch wüßte, wie sehr er mich liebte, und daß er mir alles Gute wünschte für mein Leben. Dann sagte er noch, er werde weiter auf mich aufpassen.

Ich konnte das überhaupt nicht verkraften. Ich konnte einfach nicht glauben, daß er im Sterben lag, wo er doch vor ein paar Tagen noch gesund war. Es war der erste wirkliche Tod für mich. Dieser andere Tod während des Bombenangriffs, das war auch ein Schock gewesen, aber da war mein Vater noch neben mir gestanden und hatte gesagt, ich sollte aufhören zu schreien.

Für mich war der Vater meine Stütze im Leben. Ich stand draußen auf dem Gang, während meine Mutter sich von ihm verabschiedete. Ein paar Freunde waren auch noch gekommen. Dann war er tot. Ich konnte nicht weinen. Es dauerte lange Zeit, bis ich weinen konnte.

Fünf Tage danach war der Krieg vorbei, was mich besonders bedrückte, weil mein Vater doch so sehnlich auf das Kriegsende gewartet hatte. Und nun hatte er es nicht erlebt.

Meine Mutter war wie gelähmt, zu nichts fähig. Ich mußte mich um alles kümmern, um die Beerdigung und um unser Weiterleben. Die Amerikaner zogen in Shanghai ein. GIs verteilten Candy Bars. Aber eine Wohnung konnten sie uns auch nicht besorgen. Wir mußten in unseren elenden zwei Zimmern bleiben.

Zwei Jahre vorher hatten wir unser Geschäft und den größten Teil unseres Besitzes durch die Japaner verloren.

Ich versuchte, eine Entschädigung dafür zu bekommen, aber das war aussichtslos. Es war einfach alles weg.

Ein paar Monate später hat meine Mutter wieder geheiratet, einen Jugendfreund aus Berlin, der auch im Ghetto lebte. Von da an war ich vollkommen allein. Ohne den Vater und ohne die Mutter, die sich natürlich vor allem um ihre neue Ehe kümmerte. Ich habe das nicht verstanden. Ich dachte, sie hätte sich mehr Zeit lassen müssen, um meinen Vater zu vergessen.

Heute sehe ich es aus einem anderen Blickwinkel. Meine Mutter war eine liebe Frau, aber sehr labil und ängstlich. Sie konnte nicht allein im Leben stehen, so wie es zu dieser Zeit viele Frauen nicht konnten. Sie brauchte jemanden, der sie beschützte.

Ich war 22 und recht hübsch, wenn ich das aus einem Foto aus jenen Tagen schließen darf. Es ist ein ziemlich retuschiertes Foto, ich habe etwas unnatürlich lange Wimpern darauf. Aber man sieht jedenfalls, daß ich ein gutaussehendes junges Mädchen gewesen bin. Eines Tages lernte ich einen Mann kennen, der 17 Jahre älter war als ich. Er war auch Jude aus Deutschland und hieß mit Vornamen Johannes.

Kann sein, daß er für mich eine Art Vaterersatz darstellte. Freunde und Bekannte fanden, daß er nicht zu mir paßte. Das hat mich nicht beeindruckt – ich habe ihn geheiratet. Wir zogen in eine winzige Wohnung in Hongkew. Es gab elektrisches Licht, aber Wasser gab es nur auf dem Hinterhof. Als Heizung hatten wir einen kleinen Kohleofen. Ich habe es nie geschafft, ihn anzuheizen, demzufolge war es im Winter immer kalt bei uns.

Mein Mann betrieb zusammen mit einem Cousin eine Oberhemdenschneiderei, die ganz gut ging. Ich fand eine

Im Alter von 19 Jahren.

Stellung als Sekretärin bei der amerikanischen Besatzungsarmee und verdiente 200 Dollar im Monat. Das war in China sehr viel Geld, davon konnte man eine 20köpfige Familie ernähren.

Es ging uns also wieder etwas besser. Ich durfte im PX einkaufen, dem Laden für das amerikanische Militär. Dort gab es herrliche Sachen, zum Beispiel Zahnpasta. Und weiße Seife, die wunderbar roch. Und Eiscremepulver.

Ich konnte mir eine Amma leisten, eine chinesische Bedienstete. Von ihr habe ich ein bißchen Chinesisch gelernt, den Shanghai-Dialekt, den kein Mensch außerhalb der Stadt versteht. Als 1947 meine Tochter Irene geboren wurde, war die Amma eine große Hilfe. Sie wusch vor allem die Windeln im Hof, was sehr umständlich und arbeitsaufwendig war.

Praktisch alle Juden, die im Lager wohnten, wollten nach Amerika. Die Amerikaner waren auch willens, uns aufzunehmen, aber die Bürokratie ließ sich Zeit. Die Überfahrt erfolgte auf Truppentransportschiffen und wir kamen und kamen nicht an die Reihe. Meine Mutter und ihr Mann durften früher als wir ausreisen.

Schließlich standen Maos Soldaten schon vor Shanghai, um die Stadt einzunehmen. Da klappte es endlich. Mit dem letzten Transporter verließen wir 1949 China. Wer da nicht mitkommen konnte, wurde von den Kommunisten verhaftet. Ich hatte also Glück. Wie schon einmal: 1939 war ich auf einem der letzten Schiffe, das jüdische Kinder aus Deutschland herausbrachte.

Auf so einem Truppentransporter hatten ungefähr 1500 bis 1800 Menschen Platz, Männer und Frauen getrennt. Wir waren sechs Mütter und sechs Babys in einer Kabine. Es schien, als hätten sich die Kinder abgesprochen, immer abwechselnd zu schreien, nie zusammen. Man konnte also überhaupt nicht schlafen.

Aber wir waren unterwegs auf dem Pazifik, wir waren auf dem Weg nach San Francisco. Ich erinnere mich, wie ich zum ersten Mal die Golden Gate Bridge gesehen habe, wie sie wunderschön in der Morgensonne aus dem Nebel auftauchte. Im Hafen spielte eine Kapelle das bekannte Lied: «San Francisco, open your Golden Gate».

Wieder einmal fing ein neues Leben an. Wie oft schon? Ich war es langsam gewöhnt, wie ein Stehaufmännchen immer wieder auf die Beine zu kommen. Ich war jetzt sechsundzwanzig, eine Frau mit Mann und Kind, immer noch ohne Paß, mit einem bißchen erspartem Geld. Manchmal kam es mir vor, als würde diese Situation niemals enden: Kopf über Wasser halten, Zähne zusammenbeißen. Wofür?

Ich habe Kinder, habe Geld –
so denkend quälet sich der Tor.
Man hat nicht mal sein eigenes Selbst
woher gar Kinder oder Geld?

Dhammapada, Vers 62

Neue Wege, neue Welten

Juni 1949. Es war eiskalt, als unser Schiff in San Francisco anlegte. Das war normal, denn in San Francisco ist es fast immer kalt und windig. Wir 1800 Juden aus Shanghai standen weinend vor Freude, aber mit klappernden Zähnen an der Reling. Unten am Kai warteten – wie vor zehn Jahren in London – die Frauen der jüdischen Gemeinde auf uns, ungefähr 400 an der Zahl. Sie hatten zwischen Lagerhallen und Schuppen Tische aufgebaut, verteilten heißen Kaffee, Sandwiches und Kekse, und da waren auch wieder die Listen mit den Adressen, bei denen wir untergebracht werden sollten.

Sie waren rührend um uns bemüht. Es war ja so gewesen, daß die Juden in Amerika die Berichte aus Deutschland nicht hatten wahrhaben wollen. Sie konnten einfach nicht glauben, daß in diesem Land jüdische Menschen in Massen umgebracht wurden. Jetzt wußten sie es, denn ihre eigenen Soldaten hatten die Lager aufgemacht und gesehen, was dort an Unfaßbarem geschehen war.

Wir erhielten einen Zettel mit dem Namen eines Hotels, in dem ein Zimmer für uns reserviert war. Außerdem bekamen wir pro Woche 70 Dollar fürs Essen. Damit konnte man damals sehr gut auskommen. Auch für die Kleidung wurde gesorgt – wir hatten ja fast nichts außer dem, was wir auf dem Leib trugen. Die Gemeinde hatte Sachen für uns gesammelt, gebraucht und neu. Wir durften aussuchen, was uns gefiel.

Die Kleider waren in einer riesigen Halle gestapelt. Nie mehr habe ich so viele Textilien auf einem Haufen gesehen. Wir holten uns vor allem Warmes: Pullover und Mäntel. Ich nahm mir außerdem eine Handtasche mit. Als ich sie aufmachte, war ein 10-Dollarschein darin. Ich ging zu der Dame, die die Verteilung beaufsichtigte, und wollte das Geld zurückgeben. Nein, sagte sie, das sei Absicht. Wer die Handtasche kriegt, der kriegt auch den Schein. Da kam ich mir reich und besonders begünstigt vor. Ich erinnere mich daran noch immer mit einem Gefühl von Dankbarkeit. Es war fast ein kleines Wunder.

Ich fing an, nach meinen Verwandten in Berlin zu fahnden und wandte mich deshalb ans Rote Kreuz. Aber ich erhielt kein Lebenszeichen. Sie waren alle tot. Noch in Shanghai hatte ich erlebt, wie sich viele Juden, vor allem der älteren Generation, in Haß auf die Deutschen verzehrten. Ich konnte das verstehen, man hatte ihnen alles genommen. Aber ich konnte die Haßgefühle nicht teilen. Ich weiß noch, daß ich damals dachte, sie machen sich ihr Leben kaputt mit ihrem Haß, den Rest von Leben, der ihnen geblieben ist.

Es gibt einen Vers vom Buddha: «Kein Feuer brennt so wie die Gier, kein Griff greift fester als der Haß, kein Netz verstrickt so wie der Wahn, kein Strom gleicht dem Begehrensstrom.» Und der Buddha hat auch gesagt, daß Haß niemals von Haß ausgemerzt wird, sondern nur von Liebe. Vom Buddha wußte ich zu dieser Zeit noch nichts. Dennoch habe ich so empfunden. Es war mir klar, daß es notwendig war, sich zu versöhnen und zu vergeben. Nach einiger Zeit gelang mir dies auch, selbst als ich noch vieles mehr über die Greueltaten der Nazis hörte.

Ich dachte: das ist zu Ende. Einzig der Verlust meines Vaters war ein Schmerz, der nicht verging. Ich hatte in Shanghai ein Foto von seinem Grabstein gemacht, kann dieses Bild aber bis heute nicht finden. Durch die vielen Reisen und Wohnungswechsel sind die meisten Bilder und Papiere verlorengegangen.

Nun waren wir also in Amerika, im Land der Freiheit. Es gab nur einen einzigen Menschen in den Vereinigten Staaten, den ich kannte. Das war eine Schulfreundin, die in Los Angeles wohnte. Unsere Gastgeber von der jüdischen Gemeinde rieten uns, an die Ostküste zu gehen, wo die Arbeitsbedingungen besser waren. Aber ich wollte nach Los Angeles. Wir bekamen das Ticket für den Greyhound-Bus nach L.A. bezahlt, und ich fand in der Riesenstadt rasch eine Wohnung. Eine ganz winzige, ein Zimmer nur, viel zu eng für ein Ehepaar mit Kind. Aber sie kostete nicht viel, und sie war möbliert. Wir besaßen ja nichts außer dem bißchen Geld, das wir uns in Shanghai erspart hatten. Damit konnten wir zunächst mal die Miete zahlen.

Mein Mann fand einen Job als Zuschneider für Oberhemden. Schlecht bezahlt, aber es war immerhin ein regelmäßiges Einkommen. Ich machte mich auf die Beine und suchte ein Haus für uns, das wir mit einer kleinen Anzahlungssumme kaufen und in Monatsraten abbezahlen konnten.

Das Haus, das wir schließlich kauften, war nicht groß, aber es hatte einen Garten, in dem Irene, unsere kleine Tochter, spielen konnte. Ich war glücklich. Zum ersten Mal vier Wände, aus denen uns niemand vertreiben würde. Ein richtiges Wohnzimmer, eine Küche mit elektrischen Geräten, und das Wasser war nicht wie in Shanghai auf dem Hof. Jahre später bin ich einmal dort vorbeigefahren. Da dachte ich: du meine Güte, ist das klein! Aber damals war es wunderschön für mich.

Ich besorgte mir einen Job. Das war nicht schwer, ich war ja gelernte Sekretärin. Bei der Bank of America in Los Angeles nahmen sie mich sofort. Dann machte ich meinen Führerschein und kaufte mir ein Auto, eine alte Kiste, die sehr bald kaputtgehen sollte. Darin fuhr ich quer durch Los Angeles zu meinem Arbeitsplatz. An die erste Fahrt erinnere ich mich noch heute mit Entsetzen. In Los Angeles herrschte schon damals ein Höllenverkehr. Mein Sitz war pitschnaß, als ich ankam. So sehr hatte ich geschwitzt vor lauter Aufregung und Angst. Aber immerhin, ich bin lebend angekommen.

Die Arbeitsatmosphäre in der Bank war eigentlich frauenfeindlich, so würde man das heute ausdrücken; die oberen Etagen waren alle von Männern besetzt. Ich brachte Irene jeden Morgen in den Kindergarten. Das hatte sie nicht so gern, aber es mußte eben sein. Mein Mann bekam 70 Cents in der Stunde für seine Arbeit in der Hemdenschneiderei. Das reichte natürlich hinten und vorne nicht. Ich mußte also dazuverdienen. Wenn das Kind krank war, mußte ich trotzdem pünktlich an meinem Schreibtisch sein. In solchen Fällen kam meine Mutter zur Hilfe. Sie lebte inzwischen mit ihrem zweiten Mann in San Diego, ungefähr eineinhalb Autostunden von L.A. entfernt.

Als die Firma meines Mannes nach San Diego verlegt wurde, sind wir alle dorthin gezogen. In San Diego wurde dann mein Junge geboren, Jeffrey. Zu diesem Zeitpunkt war Irene schon beinahe zehn Jahre alt. Ich wollte immer schon ein zweites Kind haben, aber die Ärzte sagten, ich könnte keines mehr bekommen, ich hätte ein Myom. Als ich schwanger war, zeigte sich mein Doktor sehr irritiert. Das sei doch völlig unmöglich, sagte er. Nun, Jeffrey wurde innerhalb einer halben Stunde geboren, ganz ohne Komplikationen.

Danach habe ich nicht mehr gearbeitet. Mein Mann verdiente jetzt mehr, und ich hatte zwei Kinder zu versorgen. Irene ging in die High School, ich war im Elternbeirat. Ich kam allen meinen Pflichten nach, hielt alles in Ordnung, das Haus, den Garten. Von morgens bis abends war ich beschäftigt, wie das eben so ist. Viel Freude hat mir die Gartenarbeit gemacht, am meisten natürlich die normale und gesunde Entwicklung der Kinder.

Ganz allmählich aber regte sich etwas in mir, was ich anfangs wie einen ganz leichten Schmerz wahrnahm, etwas, das kaum spürbar anzeigte, daß etwas nicht in Ordnung war.

Ich hatte alles, was ich mir wünschen konnte. Trotzdem: Irgend etwas fehlte. Was, wußte ich selber nicht. Es war ein vages Gefühl der Unvollkommenheit, eine innere Unruhe, eine Sehnsucht, die immer stärker wurde.

Ich war 34 Jahre alt. So vieles war geschehen, und nun auf einmal schien ich alles erreicht zu haben, was das Leben der meisten Menschen ausfüllte. Ich konnte mir nicht vorstellen, wie das weitergehen sollte. Immer auf die gleiche Weise? War das jetzt schon alles? Oder gab es etwas, was über den Alltag hinausführte?

In Amerika 1960.

Es mußte etwas geben! Ich fing an, viel zu lesen. Philosophische und spirituelle Bücher, alles, was ich finden konnte. Vieles habe ich nicht verstanden, aber das hat mich nicht zurückgeschreckt. Ich werde schon noch dahinterkommen, was damit gemeint ist, dachte ich. Die nicht materielle Seite des Lebens war es, die mich beschäftigte, der ich auf den Grund gehen und zu der ich einen Zugang finden wollte.

Mit diesen Gedanken und Gefühlen war ich sehr allein. Ich kannte niemanden, der so dachte wie ich. Jedesmal, wenn ich zu Hause anfing, davon zu sprechen, geriet mein

Mann außer sich. «Was willst du eigentlich?», fragte er gereizt. Ja, was wollte ich? Eine neue Art von Menschsein, ein Erleben auf der inneren Ebene meines Herzens. Aber ich wußte nicht, wie ich dieser Vorstellung nahekommen sollte.

Während dieser Zeit besuchte ich an einem Nachmittag meine Mutter. In ihrem Wohnzimmer lagen zwei vollkommen auseinandergenommene Fahrräder. «Willst du eine Werkstatt aufmachen?», frage ich sie. «Nein», sagte sie, «die Räder gehören den Jungs, die gerade hinten auf dem Hof sind.» «Welchen Jungs?» wollte ich wissen. «Du kennst sie auch», sagte meine Mutter, «sie sind in Berlin immer auf den Kindergeburtstagen gewesen, wo du auch warst. Hänschen und Gerd. Hänschen ist der Sohn meiner besten Freundin, und Gerd ist sein Vetter.»

Ich konnte mich nur an Hänschen erinnern, wenn auch nicht sehr deutlich. Er war ein paar Jahre jünger als ich, und unter Kindern ist das ja wichtig. Er war von Berlin nach England ausgewandert, wo er bei einem Onkel aufgenommen wurde. Er war dann Soldat in der englischen Armee gewesen und hatte seine Eltern in Theresienstadt wiedergefunden, als er dorthin als deutschsprachiger Offizier abkommandiert war. Er wanderte dann mit ihnen nach Kanada aus.

Gerd war, genau wie ich, mit einem Kindertransport nach Glasgow gekommen. Seine Eltern kamen beide in Auschwitz um. In Glasgow waren wir – genau wie in Berlin – auf dieselbe Schule gegangen, aber wir sind uns nie wissentlich begegnet. Er studierte später in Glasgow Elektrotechnik, als ich schon in Shanghai war. Jetzt, nach dem Ende seines Studiums, fuhr er mit seinem Vetter Hänschen von Kanada aus auf dem Fahrrad durch Amerika.

Das Leben macht schon eigenartige Umwege. Im Buddhismus denkt man in solchen Fällen sofort an karmische Zusammenhänge, aber davon wußte ich damals nichts. Im Haus meiner Mutter traf ich nun Gerd, und ohne daß wir es ahnten, bahnte sich für uns beide ein neues Leben an. Bei unserer Begegnung merkten wir sofort, daß wir auf der gleichen Suche nach einem Lebenssinn waren. Wir verstanden uns unwahrscheinlich gut, weil wir diese tiefe Sehnsucht teilten.

Diese Begegnung gab mir Mut, denn nun kannte ich jemanden, der so dachte wie ich. Ich versuchte, meinem Mann Vorschläge zu machen, was ich tun könnte, um meine Suche weiter zu verfolgen. Aber alles, was ich mir ausdachte, traf auf taube Ohren. Er wollte nicht, daß ich mich änderte, daß sich unser Leben, daß sich überhaupt irgend etwas änderte. Unsere Beziehung wurde durch seine starre Haltung so zerrüttet, daß ich mich entschloß, den großen Schritt zu wagen und mich auf eigene Füße zu stellen, mich also von ihm zu trennen. So wie es war, konnte es nicht weitergehen. Keiner von uns konnte dabei glücklich werden.

Als ich meinem Mann sagte, daß ich mich scheiden lassen wollte, war er empört und wütend. Er hat es mir nie verziehen, daß ich ihn verlassen habe. Er konnte auch niemals begreifen, wie weit wir in unseren innersten Bedürfnissen voneinander entfernt waren.

Es war ein furchtbar schwerer Entschluß für mich. Irene war dreizehn, Jeffrey war drei Jahre alt, unser Haus bedeutete für mich seit meiner Kindheit zum ersten Mal wieder ein richtiges Heim.

Ich ließ alles stehen und liegen, Haus, Möbel, Bücher, Auto, Kleidung. Irene blieb bei ihrem Vater in San Diego, wo ja auch meine Mutter lebte. Sie mußte ihre Schule zu Ende bringen. Mit Jeffrey zog ich nach Rancho La Puerta in Tecate, Mexiko. Eine Gesundheitsfarm, eineinhalb Stunden von San Diego entfernt, direkt an der Grenze zu den USA. Der Leiter war Professor Edmund Szekely, der mehr als 70 Bücher über körperliche und geistige Gesundheit geschrieben hatte. Er lehrte auf der Farm die Philosophie der Essener und gab Kurse über natürliche Ernährung und Lebensweise. Die Essener waren eine jüdische Sekte, die zur Zeit von Jesus Christus lebten. Sie hatten Ordensregeln, denen zufolge es unter anderem kein Privateigentum und keine Ehe geben durfte. Sie waren Vegetarier und äußerst friedfertig, im Gegensatz zu anderen jüdischen Sekten.

Es war ein höchst faszinierender Ort. Viele interessante Gäste hielten Vorträge auf der Ranch, z.B. Aldous Huxley. Die Gäste auf dieser Gesundheitsfarm waren Menschen, die nach mehr suchten als nur nach Sauna, Solarium und vegetarischer Küche, obwohl dies alles dort ebenfalls geboten wurde. Sie suchten nach spiritueller Nahrung.

Dort begann ich mein erstes gezieltes Studium einer sprituellen Lehre. Ich bezog die Schriften der Self-Realization-Fellowship (Swami Yogananda), die monatlich zugeschickt wurden und aus Vorträgen und Fragen bestanden. Ich war glücklich, Gleichgesinnte gefunden zu haben, wenn auch nur auf dem Papier. Aber es vermittelte mir dennoch ein Gefühl, daß der Durst, den ich verspürte, eines Tages gestillt werden würde.

Die tiefste Wahrheit fand ich erst viel später. Dennoch: ich habe viel gelernt auf Rancho la Puerta – von Professor Szekely, von den Referenten, von der Self-Realization-Fellowship, von Gästen und Mitarbeitern. Es war eine neue, den Geist anregende Welt, die sich mir erschloß.

Mit Gerd auf der Rancho La Puerta.

Ich arbeitete halbtags als Sekretärin für die Frau von Edmund Szekely. Dafür hatten wir Essen und Wohnen frei, eine Kinderfrau für Jeffrey (von der wir Spanisch lernten) und Taschengeld. Irene besuchte uns an den Wochenenden. An Gerd schrieb ich begeisterte Briefe.

Ein Jahr später kam er auch auf die Ranch. Er arbeitete halbtags an der Rezeption, was ihm Spaß machte und sogar gelegentlich Trinkgeld einbrachte. Dann entschlossen wir uns zu heiraten. Auf einem Berg hinter unserem Häuschen, mit vielen mexikanischen Arbeitern als Gästen, mit einem jüdischen Rabbi, mit Jeffrey und seinem kleinen Hund. Der Hund hat den Hochzeitskuchen angeknabbert, daran erinnere ich mich. Und daran, daß mir alles sehr romantisch vorkam. Unser Leben war sorglos und schön.

Für meinen geschiedenen Mann gab es auch ein Happy-End. Er fuhr nach Deutschland (ich half ihm noch bei den Erledigungen) und suchte seine Jugendfreundin, die er in den Wirren der Nazizeit aus den Augen verloren hatte. Er fand sie tatsächlich, sie kehrte mit ihm nach Amerika zurück, und mit ihr ist er seit fast vierzig Jahren glücklich verheiratet. Er ist jetzt neunundachtzig geworden.

Diese privaten Dinge finde ich nicht so erzählenswert, aber sie gehören zu meiner Entwicklung und zeigen, daß ich lange Zeit das gleiche Leben wie viele Frauen geführt habe, mit den gleichen Problemen und Verstrickungen. Und mit den Risiken, die immer in Trennungen und Veränderungen liegen. Es gehört Mut dazu, sie zu wagen. Aber sie können in die volle Freiheit führen.

Auf der Rancho la Puerta wurden wir alle drei Vegetarier und sind es bis heute geblieben. Ich habe mich sehr für Gesundheit und Ernährung interessiert und dort vieles gelesen und gelernt.

Die Ranch war wunderschön, umgeben von Weinbergen und Gemüsegärten, mit Schwimmbad, Lauben unter großen Bäumen und einem Riesenkamin, um dessen Feuer wir uns im Winter oft scharten. Hier hörte ich vieles über die Zusammenhänge von Geist und Körper, von Lebensweise und Spiritualität.

Vom Buddha wußte ich immer noch nichts. Ich wußte nur, daß es in meinem Inneren etwas gab, eine Schwingung, eine Resonanz, ein höheres Ideal. Ich konnte es noch nicht einmal benennen. Aber das Gefühl war da, und es war schön für mich, daß Gerd genauso empfand. Wir dachten zu dieser Zeit allerdings noch, daß in erster Linie eine gesündere, einfachere Lebensweise den Weg zum inneren Glück erschließen würde.

Jeffrey auf der Rancho La Puerta. Alle in der Familie werden Vegetarier.

Wir lebten zwei Jahre auf Rancho La Puerta. Dann fand Gerd, daß es nun an der Zeit sei, sich in Mittel- und Südamerika umzuschauen. Er ist Abenteuern und Neuem sehr zugetan und ist auch heute noch sehr viel auf Reisen. Ich habe diese innere Unruhe auch gekannt. Manchmal dachte ich, sie hänge damit zusammen, daß uns schon als Kindern die Sicherheit des Elternhauses und der Heimat genommen wurde. Wir konnten keine Wurzeln in einem verläßlichen Stück Heimat schlagen. Wir waren nirgends und überall zu Hause.

Wir kauften uns also einen Willys Jeep mit Vierradantrieb. Aus Deutschland war als Wiedergutmachung etwas Geld gekommen. Außerdem hatte ich inzwischen einen amerikanischen Paß. Bürgerin der Vereinigten Staaten zu sein, ein Mensch mit normalen Rechten, war schon ein besonderes Gefühl nach der jahrelangen Staatenlosigkeit.

Den Jeep haben wir so umgerüstet, daß man darin schlafen konnte. Und dann traten wir unsere Reise an – zunächst durch Mexiko. Aber sie sollte uns noch viel weiter führen. Jeffrey kam mit. Irene blieb in San Diego. Sie war inzwischen sechzehn, ein Jahr vor der Universität.

Ihr Studium hat sie bald darauf begonnen, aber dann doch nicht zu Ende gebracht, weil sie mit 18 heiratete. Einen 18jährigen Schulfreund. Beide hatten keinen Job, und natürlich waren alle dagegen, ich auch. Das kann nicht gutgehen, sagten wir, das ist ausgeschlossen.

Nun, es ist eine sehr gute Ehe geworden, eine der wenigen mir bekannten Ehen, die wirklich funktionieren. Man kann daraus lernen, daß man seine Kinder ihren eigenen Weg gehen lassen muß. Man muß loslassen. Das ist eine Lektion, die ich später bei einer anderen Gelegenheit erst so richtig begriffen habe.

Wir sind Gast auf dieser Erde und können nichts festhalten – auch nicht das, was wir als unser Liebstes betrachten.

Die Achtsamen zieh'n ihren Weg,
Nicht Haus noch Haften macht sie froh.
Gleichwie der Schwan den Sumpf verläßt,
so lassen Haus und Haften sie.

Dhammapada, Vers 91

Der Aufbruch: Mittelamerika im Jeep

Als wir noch in Rancho la Puerta lebten, besuchte uns dort einmal ein Team von Wissenschaftlern, die im Dschungel von Mexiko einen fast ausgestorbenen Völkerstamm beobachtet hatten, um zu erfahren, wie diese Menschen lebten, was sie aßen, welche Drogen sie nahmen, wie sie ihre Krankheiten behandelten, welche Rituale sie durchführten. Auf eine solche Entdeckungsreise wollten wir uns nun auch begeben.

Unser Jeep hatte Vierradantrieb. Oben auf dem Dach hatte Gerd einen großen Kasten für unser Gepäck installiert, innen hatten wir außer unseren Betten auch einen Kocher.

Wir waren schon eine ungewöhnliche Reisegesellschaft. Ein Mann, eine Frau und ein kleiner Junge. Damals gab es die Rucksacktouristen noch nicht, die man heutzutage überall antrifft. 1961, als unsere Fahrt begann, waren Fremde für viele Eingeborene noch eine Sensation. Man bestaunte uns, aber man begegnete uns überall freundlich.

Der Jeep ist unser Heim.

Das lag vermutlich an Jeffrey. Wer ein Kind dabeihat, führt nichts Böses im Schilde. Er war von Anfang an keine Last, sondern viel eher eine Hilfe.

Ich möchte vorausschicken, daß unsere Reise viel länger dauerte, als wir voraussahen. Unser ursprünglicher Plan war, uns irgendwo auf dem Land niederzulassen. Das haben wir erst viel, viel später verwirklicht, und nicht in Mittel- oder Südamerika, sondern im entfernten Australien.

Wir hatten Jeffrey immer dabei. Zwischendurch besuchte er einen Kindergarten oder eine Schule, je nachdem, wo wir uns ein wenig länger aufhielten. Meistens gab ich ihm Unterricht. Er ist heute Computerspezialist an der Universität von Brisbane.

Ein einziges Mal ist er während der ganzen Zeit schwer krank geworden. Das war, als er schlechtes Wasser getrunken hatte. Sonst war er immer gut drauf. Ein richtiger kleiner Kämpfer, sehr selbständig und selbstbewußt. Man mußte nicht dauernd auf ihn aufpassen. Er machte alles mit, ohne sich zu beschweren, er aß auch alles, was er vorgesetzt bekam.

Es gab kein Hotel auf dieser Reiseetappe. Ein oder zwei Mal haben wir in einem Gasthaus übernachtet. Unser Essen kauften wir immer auf dem Markt und bereiteten es uns selbst zu. Bei diesen Einkäufen machte Jeff begeistert mit. Er konnte perfekt Spanisch und handelte mit den Marktfrauen wie ein Profi. Weil er so klein war, gaben sie ihm alles billiger als uns.

Er geht heute noch gern einkaufen. Aber Spanisch spricht er nicht mehr. Er hat es vollkommen vergessen. Hat vergessen, daß die Leute Jeffrito zu ihm sagten, das heißt: kleiner Jeffrey. Nun, wir vergessen unsere vorhergehenden Leben ja auch.

Wir fuhren zunächst nach Mexiko bis zur Halbinsel Yucatan, wo die Mayas und Azteken ihre Tempel hatten. Wir interessierten uns vor allen Dingen für das alltägliche Leben in dieser versunkenen Epoche, sahen uns die Ausgrabungen unter dem Gesichtspunkt an, ob wir da nicht vielleicht einiges lernen konnten – wie man ohne Maschinen und Elektrizität zurechtkommt zum Beispiel. Oder wie man sich zu Hause im Ofen Töpfe und Geschirr selber brennen kann.

Dann kamen wir nach San Miguel de Allende, in eine Stadt, die die spanischen Eroberer gegründet haben, weil es in der Nähe Silberbergwerke gab. Sie ist heute ein Nationaldenkmal, eine wunderschöne Stadt, in der es eine Universität gibt, wo auf englisch gelehrt wird.

In San Miguel de Allende haben wir für 50 Dollar ein 500 Jahre altes Haus gemietet, das einem Amerikaner gehörte.

Es war komplett eingerichtet, zwei Bedienstete und zwei Hunde gehörten dazu. Der eine Hund war eine riesige dänische Dogge, der andere ein kleiner weißer Spitz. Die Dogge war furchtbar ängstlich, beim geringsten Laut in der Nacht sprang sie zu mir ins Bett. Dabei erdrückte sie mich jedesmal fast. Sie war nicht nur groß, sondern auch noch fett.

Das Haus hatte eine Mauer zur Straße, ein Tor und einen Innenhof mit Springbrunnen und vielen tropischen Pflanzen. Es war typisch mexikanisch und wunderschön. Dort wohnten wir nun und besuchten die Universität.

Zum ersten Mal in meinem Leben war ich auf einer Universität. Mein Mann hatte ja sein Studium hinter sich, aber ich hatte immer die praktische Seite des Lebens anpacken müssen. Es machte mir große Freude, zu studieren, zu lernen.

Ich belegte die Fächer kreatives Schreiben, Foto-Journalismus, Geschichte und natürlich Spanisch. Eine wunderschöne Sprache, die ich noch heute einigermaßen spreche. Damals in Shanghai hatte mein Vater zu mir gesagt, Schreibmaschinenschreiben könne man immer brauchen, und er hatte recht behalten. Was ich an der Universität von San Miguel de Allende lernte, habe ich ebenfalls gut verwenden können. Ich schrieb von vielen Orten aus Artikel für amerikanische Magazine, und die Fotos dazu habe ich nicht nur selbst geknipst, sondern auch entwickelt.

Jeff ging in eine Art Kindergartenschule zu katholischen Nonnen. Das gefiel ihm überhaupt nicht, er war die Freiheit gewöhnt. Eines Tages kam er glückstrahlend nach Hause. Ich fragte, was denn Schönes passiert sei. Ach, sagte er, die Hauptnonne ist gestorben und wir haben den Nachmittag frei. Ist das nicht herrlich?

Nun ja, da war unser Aufenthalt in San Miguel, der Silberstadt, ohnehin schon fast um. Nach zwei Jahren Seßhaftigkeit fand mein Mann, daß es Zeit war, weiterzufahren und ganz Mittel- und Südamerika einmal näher anzuschauen. Wie immer bin ich schön brav mitgezogen. Es hat mir auch Spaß gemacht, es war ja alles sehr interessant. Aber die treibende Kraft war ich nie.

Zu dieser Zeit wurde gerade der Panamerican Highway gebaut. Er war noch nicht fertig, vor allen Dingen gab es nirgends Brücken. Wir fuhren mit unserem Jeep den Highway entlang von Mexiko bis Panama. Alle paar Kilometer kam ein Fluß. Es war immer dasselbe: ein paar Meter davor lag ein Stück Holz auf der Straße, auf dem das Wort «Desvio» stand. Desvio heißt Umleitung. – Ein Witz, denn es gab keine Umleitung. Wir standen vor dem Fluß, und es blieb uns nichts anderes übrig, als mit unserem Vierradantrieb mittendurch zu fahren.

Manche Flüsse waren flach. Aber manche waren ganz schön tief und reißend. Einmal blieben wir im Wasser stekken. Ich hatte natürlich entsetzliche Angst. Jeff nicht, er fand das ganz toll. Diesmal allerdings war es wirklich gefährlich. Gerd lief und holte ein paar Straßenarbeiter, gab ihnen etwas Geld, und sie haben uns dann mit einer Winde rausgezogen. Es war das einzige Mal, daß wir Hilfe brauchten. Sonst haben wir es immer alleine geschafft.

In Costa Rica erlebten wir ein Erdbeben. Wir übernachteten in einem kleinen Gasthaus, als plötzlich das Zimmer zu wackeln begann. Ich riß Jeff aus dem Bett und rannte ins Freie. Es passierte nichts weiter, aber es war das erste Erdbeben, daß ich miterlebt habe. Eine außerordentlich unangenehme Sache. Jeff hat das Ganze übrigens seelenruhig verschlafen.

El Salvador habe ich in besonders schöner Erinnerung. Dort gibt es viele Wasserfälle mit Teichen darunter, in denen wir baden konnten. Überall waren die Menschen, denen wir begegneten, sehr freundlich zu uns. Wir lernten katholische Missionare kennen und Bauern, die von den Indios abstammten. In jedem Ort gingen wir auf den Markt, um mit den Bewohnern ins Gespräch zu kommen – falls sie Spanisch konnten und nicht nur ihren eigenen Dialekt sprachen. Wir waren neugierig, wie sie lebten. Wir hatten ja immer noch den Plan, selbst ein Leben fern der Technik und unserer gewohnten Zivilisation zu führen.

Nach vier Wochen anstrengender Fahrt erreichten wir Panama. Dort warteten in einem Postamt Dutzende von Briefen auf uns – Botschaften aus einer anderen Welt. Panama ist von Südamerika durch den Darien-Dschungel getrennt, durch den man nicht durchfahren konnte. Es gab Expeditionen, die sich trotzdem auf den Weg machten, für uns war es jedoch unmöglich. Ich weiß nicht, ob heute eine Straße hindurchführt.

Wir ließen also das Fahrzeug zurück und flogen mit dem Flugzeug nach Bogota in Kolumbien. Bogota ist die höchste Hauptstadt der Welt, 2 645 m über dem Meeresspiegel. Ich ging dort auf der Straße und konnte auf einmal nicht mehr atmen. Und ich war doch ganz gesund! Zu meiner Beruhigung bekam auch Gerd keine Luft, der immer ganz besonders viel von seiner robusten Gesundheit hielt. Man mußte sich erst an die Höhe gewöhnen. Nur Jeff machten die paar tausend Meter nichts aus, der hüpfte herum wie immer.

Von Bogota fuhren wir mit dem Bus nach Quito in Ecuador. Der Bus war voll mit Hühnern und Leuten. 40 Personen hatten offiziell Platz, und mindestens 80 waren drin. Man saß und aß und redete, die Hühner gackerten, von den Brotstücken tropften die scharfen Soßen, und dazu fuhr der Busfahrer wie der Teufel. Das tun alle südamerikanischen Busfahrer, sie fahren wahnsinnig schnell und dabei nicht einmal gut, und sie schauen sich nach jedem Mädchen um, das ihnen auf der Straße entgegenkommt. Dabei drücken sie zur Bestätigung ihrer Männlichkeit extra aufs Gas, so daß die Gänse und Ziegen am Straßenrand panische Flucht ergreifen.

Ich muß ehrlich gestehen, daß ich diese Fahrt nicht sonderlich schön fand. Aber ich traute mich nicht, das zu sagen, weil Gerd völlig begeistert war. Er liebt die Herausforderungen. Wenn er einen hohen Berg sieht, muß er hinaufklettern. Ich bleibe lieber unten. Heute ist er neunundsechzig Jahre alt und hat sich nicht verändert. Solche Busfahrten macht er immer noch.

Wir kamen unversehrt in Quito an, was nach meinem Gefühl an ein Wunder grenzte. Ich war fix und fertig, voller Staub, Hühnerdreck und Soßenflecken. Wir nahmen uns ein Zimmer und wuschen uns, und dann wollten wir uns einmal etwas leisten und in ein gutes Hotel zum Abendessen gehen. Da haben sie uns dann aber nicht hineingelassen, weil Gerd keine Krawatte hatte. Das fällt mir immer zuerst ein, wenn ich an Quito denke.

Von lieben Dingen Sorge kommt,
Den lieben Dingen Furcht entspringt:
Für den von lieben Dingen Freien
Gibt's Sorge nicht; woher gar Furcht?

Dhammapada, Vers 212

Das südamerikanische Abenteuer

Die oben zitierten Worte des Buddha haben mich besonders tief bewegt. Damals, als junge Frau, habe ich sie nicht gekannt, und ich hätte sie auch nicht verstanden. Was heißt das: «Für den von lieben Dingen Freien»? Heute weiß ich, daß damit nicht gemeint ist, man solle nicht lieben. Man soll nur nicht zu sehr an den lieben Dingen, vor allem an den lieben Menschen, hängen, sich nicht ohne Unterlaß um sie sorgen. Davon war ich damals noch weit entfernt. Ich war ständig in Sorge. Eine Reise, wie wir sie machten, war ja kein Unternehmen mit Gepäckversicherung, Krankenversicherung und Rücktransportversicherung – so, wie man heute am liebsten verreist.

Wir riskierten eine ganze Menge. Aber genau dadurch, in absoluten Grenzsituationen, habe ich angefangen zu begreifen, was Loslassen bedeutet. Von lieben Dingen frei sein heißt, sich nicht anklammern, nicht alles lenken und bestimmen wollen. Einzusehen, daß die lieben Dinge und die lieben Menschen auch ohne mich existieren – und ich ohne sie. Es hat noch eine Zeitlang gedauert, ehe ich wirklich ernsthaft an dieser Einsicht gearbeitet habe, aber damals hat es angefangen.

Doch nun zurück nach Quito, unsere erste Station in Südamerika. In Quito hörten wir von einem Völkerstamm, der sich «Los Colorados» nannte. Das bedeutet: die Farbigen. Ein kleiner Stamm in Ecuador, der berühmt war für seine Kräutermedizin.

Wir wollten die Colorados unbedingt kennenlernen. Also setzten wir uns trotz meiner Ängste wieder in einen Bus und fuhren in die Berge, wo wir, wie man uns sagte, Angehörige des Stammes auf dem Markt eines kleinen Ortes antreffen würden.

Diese Fahrt war noch schlimmer als die letzte. Eine schmale Straße, gerade breit genug für ein Fahrzeug, sehr kurvig, auf der einen Seite eine senkrechte Felswand, auf der anderen ein senkrechter Abhang. Der Fahrer fuhr verwegen und drehte sich dauernd um, wenn im Bus ein Kind schrie oder draußen ein Vogel vorbeiflog. Das dauerte dreieinhalb Stunden. Ich fragte mich, was wohl geschehen würde, wenn uns ein anderer Bus entgegenkäme, Gott sei Dank kam keiner.

Das Städtchen, das wir schließlich erreichten, hieß Ciudad de Colorados. Und auf dem Markt waren auch gleich ein paar «Bunte» zu sehen. Sie trugen am Oberkörper keine Kleider, auch die Frauen nicht, nur aufgemalte blaue Streifen. Um die Hüften hatten sie Röcke, die Männer kurze, die Frauen lange, ebenfalls blau gestreift. Auf dem Kopf saßen den Männern knallrote Hütchen.

Wir sprachen zwei von ihnen an. Den älteren fragte ich, woraus denn sein Hut gemacht sei. Er sah so glänzend aus, ich konnte mir das Material nicht erklären. Welcher Hut?, fragte er. Es waren nämlich seine Haare. Dabei handelte es sich um das besondere Wahrzeichen der Colorados: sie rieben sich den roten Saft einer Beere in die Haare, bis diese ganz klebrig waren und sich so formen ließen, daß sie wie ein Helm aussahen. Die Verheirateten ließen es dabei bewenden. Die Unverheirateten klebten noch einen Bommel aus Watte obendrauf, damit jeder – hauptsächlich natürlich jede Frau – sehen sollte, daß sie noch zu haben waren.

Ich wollte wissen, wie oft sie sich diese Frisur machten. Das erwies sich als sehr praktisch: nur jedes halbe Jahr war eine Neukonstruktion fällig. Wir machten Fotos von ihnen zusammen mit Jeff, und dann boten sie uns an, uns mit nach Hause zu nehmen. Wir fuhren in einem Wägelchen, vor das kleine Pferde gespannt waren – etwas holprig, aber wesentlich angenehmer als der Bus.

Die Colorados waren ein aussterbender Stamm der Indios. Nur noch etwa 500 lebten damals in diesem Dorf und der Umgebung. Sie sammelten die Kräuter, die sie von alters her kannten und als Heilmittel verwendeten. Ihre jungen Leute zog es in die Stadt. Sie wollten nicht Kräuterheilkundige wie ihre Vorfahren, sondern moderne Stadtdoktoren werden. Sie wollten Geld verdienen und auch nicht mehr mit roten Haarmützen und einem Bommel drauf herumlaufen.

Wir wurden sehr freundlich von den Familien unserer Gastgeber aufgenommen. Sie wohnten in Häusern, die wunderhübsch aussahen. Sie waren auf Stelzen gebaut. Die luftigen Zwischenräume unter den Häusern hingen voll von Kräuterbündeln. Sie hatten Namen dafür, aber nur in ihrer Sprache, die wir leider nicht verstehen konnten. So konnten wir auch nichts mitnehmen von ihrem geheimnisvollen Wissen um die Wirkung der Pflanzen.

Man kann sich ausrechnen, daß vieles in den Jahren, die seit unserer Begegnung mit ihnen vergangen sind, einfach vergessen worden ist. Die jungen Stammesangehörigen, so sagten uns die Älteren, wollten anders leben. Sie zogen Jeans an, nicht die blaugestreiften Röcke der Colorados. Das war zu dieser Zeit gerade in Mode. Für ein paar Bluejeans konnte man beinahe ein halbes Dorf kaufen.

Sie luden uns zum Essen ein. Wir bekamen die herrlichsten Früchte vorgesetzt. Papayas, die innen blutrot waren, wie ich sie noch nie gesehen hatte, rote Bananen, gedämpften Reis mit Gemüse. Sie hielten Hühner und aßen ihre Eier. Wenn die Hühner alt waren, kamen sie in den Topf. Auf die Jagd gingen die Colorados nicht. Sie waren ein ganz friedliches, anspruchsloses Völkchen.

Der Besuch bei ihnen hat sich mir tief eingeprägt. Ich sehe die Großmutter vor mir, wie sie über dem Feuer Bananen für uns briet. Was wohl aus ihnen allen geworden ist? Es ist erschütternd, die Veränderungen, die nicht mehr aufzuhalten sind, so deutlich zu spüren. Vielleicht gibt es das kleine Dorf mit den Häusern auf Stelzen heute gar nicht mehr. Vielleicht wuchern die Kräuter längst, ohne daß jemand sie pflückt.

In Quito haben wir für die Weiterreise nach Lima ein Flugzeug genommen. Bei der Vorstellung, schon wieder im Bus auf die Reise zu gehen, rebellierte alles in mir. Wir mußten sparen, unser Geld zusammenhalten, aber, na ja, zur Erholung wollte ich mal im Flugzeug sitzen.

In Lima mieteten wir uns in ein billiges kleines Hotel ein. Unsere Unterkunft auf vier Rädern, unser lieber Jeep, war ja in Panama zurückgeblieben. In den darauffolgenden Wochen mußte ich oft an ihn denken, daran, wie gut wir darin geschlafen hatten und wie brav er uns transportiert hatte, sogar durch Flüsse. Das war bereits aufregend genug gewesen, aber eine Kleinigkeit, verglichen mit dem, was uns jetzt erwartete.

Von Lima aus wollten wir den Amazonas erreichen. Dazu mußte uns ein Bus über die Anden bringen. Als wir das klapprige Fahrzeug bestiegen – mir kam es vor, als ob es nur durch ein paar Riemen zusammengehalten wurde –, wunderten wir uns, daß die Eingeborenen, die mit uns reisten, alle ein Stück Zitrone dabei hatten, an dem sie ständig rochen und leckten. Wozu das gut war, begriffen wir erst, als es für uns schon zu spät war.

Der Bus tuckerte bis in eine Höhe von 4700 m bergauf. Davon wird man höhenkrank, das heißt, es wird einem schlecht, und man bekommt starke Kopfschmerzen. Dagegen helfen Zitronen, wie die Eingeborenen wissen. Wir konnten uns unterwegs auch ein paar kaufen, aber da war uns schon so schlecht, daß sie nicht mehr viel nützten.

Wir erreichten die Höhe in üblem Zustand. Der Busfahrer legte eine kurze Rast ein, unsere Mitreisenden verspeisten Hühnchen und Maisküchlein. Dann ging es die Berge wieder hinunter nach Pucallpa. Pucallpa ist auf den Landkarten als Stadt eingezeichnet, aber es ist nur ein geschäftiges, großes, ziemlich trostloses Dorf am Fluß Ucayali. Der Ucayali bildet später zusammen mit dem Fluß Marañon den Amazonas.

Wir wollten diesen Fluß und weiter den Amazonas hinunterfahren. Wirklich fanden wir einen Dampfer, auf dem es in einer Woche losgehen sollte: einen Schaufelraddampfer, den letzten, den es auf dem Ucayali noch gab. Er wurde mit Holzkohle gefeuert und hatte ein großes hölzernes Rad, das sich langsam drehte. Auf diesem uralten Schiff bekamen wir eine Kabine.

Auf dem Schaufelraddampfer im Amazonasgebiet.

Sehr komfortabel war die Fahrt nicht. Der Dampfer mußte jeden Tag anlegen, um frische Kohle zu schaufeln. Es gab eine Dusche für die Passagiere, aber die konnte man nicht benützen, weil Schildkröten darin untergebracht waren, die nacheinander zu den Mahlzeiten gekocht wurden. Die Schildkröten brauchten etwas Wasser, deswegen hatte man sie in der Dusche einquartiert. Ganz abgesehen von den Schildkröten: das Essen, das uns jeden Tag vorgesetzt wurde, war so ziemlich das Schrecklichste, was ich je zu mir genommen habe. Ungenießbar! Gottlob hatten wir ein bißchen Proviant dabei, und außerdem gab es Bananen, die sehr gut schmeckten.

Das Schlimmste aber war das Wasser. Der Schiffskoch nahm es einfach aus dem Ucayali, der natürlich von allen

Menschen am Ufer und auf Booten als Toilette benützt wurde. Damit wurde unser Tee aufgebrüht. Von diesem Wasser wurde Jeffrey todkrank. Ich hatte zum Glück vorsorglich Antibiotika mitgenommen. Ohne sie wäre er wohl gestorben. Von da an tranken wir keinen Schluck Tee mehr, ohne von den Desinfektionstabletten, die ich ebenfalls in meiner Reiseapotheke hatte, eine in den Becher zu werfen.

Einmal wollte Gerd ein Bad im Fluß nehmen. Da schrien alle: «Piranhas, Piranhas!» Das sind kleine Fische mit messerscharfen Zähnen, von denen mitunter Hunderte auf einmal auftauchen. Sie können einen Schwimmer in kürzester Zeit auffressen. Gerd haben sie nicht erwischt, er kletterte so schnell er konnte die Strickleiter zum Schiff hoch.

Immer, wenn Kohle geladen wurde, gingen wir an Land und sahen uns die jämmerlichen Dörfer an. Dort herrschte wirklich ein unbeschreibliches Elend. Dies hatte nichts mehr mit malerischer Ursprünglichkeit zu tun, man sah nur Schmutz, Krankheit und Mangelernährung.

Und dann, eines Morgens, fuhr unser Schaufelraddampfer auf eine Sandbank. Wir hatten gerade die Stelle passiert, an der ein zweiter Fluß, der Marañon, mit dem Ucayali zusammenfließt und so den Amazonas bildet. Unser Kapitän war betrunken wie fast immer, es war eigentlich kein Wunder, daß wir festsaßen.

Piranhas hin, Piranhas her, alle Männer an Bord hüpften ins Wasser und versuchten, den Dampfer von der Sandbank herunterzuschieben. Aber er ließ sich nicht bewegen. Die Sache sprach sich offenbar in den Siedlungen am Fluß wie ein Lauffeuer herum. Von allen Seiten kamen kleine Boote angeschwommen. Die Passagiere, die allmählich einsahen, daß mit unserem Dampfer kein Weiterkommen möglich

Mit Besuchern in unserer Scheune in Orellana im Amazonas-Gebiet.

war, stiegen der Reihe nach in die Boote um, egal wohin, Hauptsache, sie saßen nicht länger fest.

Wir zögerten lange, dann kletterten auch wir in ein winziges Boot und wurden zu einem Dorf gepaddelt, das Orellana hieß und auf keiner Karte zu finden ist. In Orellana im Amazonasbecken haben wir vier Wochen zugebracht. Ich habe darüber für ein US-Magazin einen Bericht geschrieben, mit Fotos, auf denen ich immer einen mexikanischen Rock anhabe und eine weiße Bluse. Außer einer schwarzen Cordhose waren das meine einzigen Kleidungsstücke. Ich mußte sie fortwährend waschen, denn natürlich konnte ich in unseren Rucksäcken nicht mehr Garderobe mitführen. Der Artikel hatte übrigens die Überschrift: «Vollmond über dem Ucayali».

Orellana konnte man eigentlich nicht als Ort bezeichnen, es bestand aus zwanzig Häusern und einer Kirche. Zwei Männer hatten hier etwas zu sagen. Das waren ein spanischer Missionar und ein Sägewerksbesitzer. Der Sägewerksbesitzer war reich. Er hatte sogar ein Auto. Er sagte uns, daß er Jude sei und sein Sohn in Glasgow studiere. Er konnte Englisch. Es war eine völlig unwirkliche Begegnung in diesem entlegenen Winkel der Erde.

In Orellana gab es kein Gasthaus, in dem man übernachten konnte. Der Sägewerksbesitzer überließ uns eine leere Scheune. Holz konnten wir von ihm haben, soviel wir wollten. Es gelang Gerd, aus Holzplanken Betten zu bauen. Schlafsäcke hatten wir, die legten wir drauf und schliefen so. Weil die Scheune kein Fenster hatte, mußten wir immer die Tür auflassen. Es hatte sich herumgesprochen, daß Fremde da waren. Sämtliche Kinder des Ortes – ich glaube, es waren vierzig – kamen und standen den ganzen Tag an der Tür um zu sehen, was wir machten. Das war nicht sehr angenehm, denn wir hatten sozusagen kein Privatleben.

Wir fanden heraus, daß man hier in einer Art Restaurant essen konnte. Wir gingen jeden Tag hin und aßen meistens Fisch, irgend etwas mußten wir ja in den Magen kriegen. Er war frisch gefangen und schmeckte ausgezeichnet. Außerdem freundeten wir uns mit dem Missionar an. Er nahm uns mit in den Dschungel und zeigte uns Schmetterlinge von einer Größe, wie man sie sonst überhaupt nicht zu sehen bekommt, mit einer Flügelspannweite von einem halben Meter und ganz herrlichen Farben. Wir sahen auch Schlangen, die sehr schön waren: groß, dick und bunt. Denen gingen wir natürlich aus dem Weg.

Der Missionar erzählte uns, daß tief im Dschungel Kopfjäger lebten, die alle paar Jahre auf Kriegszug gingen, um

Haare waschen im Amazonas.

die Köpfe ihrer geschlagenen Feinde abzuschneiden und zu trocknen. Als er mein Entsetzen sah, meinte er, sie hätten gerade so einen Überfall hinter sich und würden wohl so schnell nicht wiederkommen. Das sollte mich etwas beruhigen ...

Später sahen wir in den Touristengeschäften der Amazonasstädte getrocknete, geschrumpfte Köpfe von Menschen mit ganz kleinen Gesichtern, ungefähr so groß wie ein Apfel, mit Augen und Haaren. Für teures Geld gab es sie zu kaufen. Wir verzichteten auf den Kauf.

Jeden Tag hieß es, unser Schaufelraddampfer werde nun endlich weiterfahren. Aber dazu kam es nie. Dann hieß es, es werde ein anderes großes Schiff kommen und uns mitnehmen. Dieses Schiff kam tatsächlich, aber es fuhr vorbei, ohne anzuhalten. Schließlich sagten wir uns: So wird das nie was, wir müssen selbst etwas unternehmen!

Wir mieteten ein Boot, das aus einem ausgehöhlten Baumstamm mit kleinem Außenbordmotor und kleinem Blechdach bestand, unter dem man sitzen konnte, um in der mörderischen Sonnenhitze nicht zu verbrennen. Dieses Boot sollte uns nach Iquitos bringen, in die nächste größere Stadt am Flußufer.

Der Amazonas ist kein ruhiger, sanfter Fluß. In einem ausgehöhlten Baumstamm auf hohen Wellen zu fahren hat mich sehr geängstigt. Vor allen Dingen Jeffs wegen. Aber der Junge spielte mit seinen kleinen Autos oder suchte im Wasser nach Fischen. Es hat ihm großartig gefallen – ganz im Gegensatz zu mir.

Jeden Abend mußten wir an Land gehen, um zu schlafen, weil der Baumstamm nicht genug Platz bot. Jeden Abend das Gleiche: das Boot aufs Ufer ziehen, damit es nicht wegschwimmt. Landeinwärts gehen, weil das Ufer schlammig ist. Ein Feuer anzünden, um uns vor den Moskitos zu schützen, die dort die Größe von Bremsen haben und eine furchtbare Plage sind.

Zum Feuermachen lag immer angeschwemmtes Holz herum. Unser Bootsbesitzer war auch sehr tüchtig, bei ihm brannte sogar feuchtes Material. Solange das Feuer loderte, blieben die Moskitos weg. Wenn wir schliefen und die Flammen ausgingen, fielen sie über uns her. Unsere Nächte waren also nicht gerade ungestört.

Untertags mußten wir oft irgendwo halten, um uns etwas zu essen zu besorgen. Das war sehr schwierig, weil die Menschen selber nichts hatten. Sie hätten gern unser Geld genommen, aber es gab meist nichts, was sie uns verkaufen konnten. Manchmal ein paar Bananen oder Papayas. Einmal stießen wir sogar auf eine Bäckerei, in der wir tatsächlich richtige Brötchen erstanden. Irgendwie schafften wir es, uns zu ernähren.

Nach einer Woche erreichten wir Iquitos. Das erste, was wir sahen, als wir aus unserem Baumstamm ausstiegen, war ein Mann, der ein Tier an der Leine führte, für das wir keinen Namen hatten. Ein Tier mit zotteligem Fell und einer sehr langen Nase. Es handelte sich um einen Nasenbären, einen Kleinbär mit Wühlrüssel, beheimatet im wärmeren Südamerika, wie ich später in einem Lexikon nachlas.

«Wärmer» war für die irrsinnige Hitze in Iquitos nicht ganz der treffende Ausdruck. Wir bezahlten unseren Bootsmann und schleppten uns und unser Gepäck zu einem kleinen, billigen Hotel, das «Hotel Peru» hieß. Merk dir, sagte ich zu Jeff, als wir uns zum ersten Mal nach endlosen Wochen in einigermaßen zivilisierten Verhältnissen einrichteten, das Hotel heißt wie das Land, in dem wir sind.

Bevor wir ein Restaurant suchten, marschierten wir zur Post, um meiner Mutter und Irene ein Telegramm zu schicken. Sie hatten ewig nichts von uns gehört und machten sich sicher Sorgen. Es war ein altmodisches Postamt mit hohen, hölzernen Schaltertischen, über die ich – ich bin allerdings nicht sehr groß – gerade drüberschauen konnte.

Als ich mich umdrehte, war Jeff weg. Er war auch nicht bei Gerd, der im Nebenraum ein paar Briefe aufgab, die wir unterwegs geschrieben hatten. Auch nicht auf dem Platz vor der Post. Er war verschwunden, wie vom Erdboden verschluckt.

Die nächsten Stunden waren ein einziger Alptraum. Wir liefen in der mörderischen Hitze durch die Stadt, fragten jeden Menschen, ob er einen kleinen europäischen Jungen gesehen habe. Niemand hatte ihn gesehen. Alle Straßen von Iquitos enden vor dem Dschungel wie vor einer Mauer, und im Dschungel gibt es Schlangen und andere wilde Tiere.

Ich war beinahe ohnmächtig vor Angst. Gerd ging zur Polizei und sagte, wir haben einen kleinen Jungen verloren. Der Polizist fragte: wie alt? Fünf Jahre, antwortete Gerd. Nein, meinte der Polizist und putzte seine Fingernägel, du. Wie alt bist du? Das war die Sekunde, in der wir alle Hoffnung aufgaben. Wir ließen den Polizisten sitzen und gingen in unser Hotel. Und da saß Jeffrey auf der Couch in der Rezeption und begrüßte mich vorwurfsvoll: «Mami, wo wart ihr denn die ganze Zeit?» Er saß schon vier Stunden da und hatte dem Hotelinhaber erklärt, daß seine Eltern verlorengegangen seien. Nachdem er uns im Postamt nicht finden konnte, hatte er einen Vorübergehenden darum gebeten, ihn zu dem Hotel zu bringen, das so heißt wie dieses Land.

Heute kann er sich auch daran nicht erinnern. Ich aber, ich erinnere mich an jede Minute. «Von lieben Dingen Sorge kommt, den lieben Dingen Furcht entspringt ...». Ich denke, daß ich an diesem Tage angefangen habe, mich innerlich der Lehre Buddhas zu nähern – in Unwissenheit zwar, aber mit wachsender Bereitschaft.

Wir blieben noch ein bißchen in Iquitos. Gerd ließ sich dort einmal das Haar bei einem Friseur schneiden, der im Nebenberuf Taxidermist war, also jemand, der Tiere ausstopft. In seinem «Salon» lag eine lebende Anakonda, die er stolz vorzeigte. Sobald er Zeit dazu habe, wolle er sie töten und ausstopfen.

Die Anakonda ist die größte Schlange in Südamerika, mit einer Länge von ca. 6 Metern und einem Leibesumfang von ca. 60 Zentimetern. Sie ist sehr schön gefärbt, der Rücken olivgrün und schwarz, die Seiten blassgelb und dunkel getupft. Gerd betrachtete sie mit gemischten Gefühlen. Angeblich verschlingt eine Anakonda nicht nur Wasserschweine, sondern auch Menschen. Aber für den Friseur war die Anakonda weiter nichts Besonderes.

Von Iquitos flogen wir nach Lima zurück. Wir hätten auch wieder einen Dampfer nehmen können; zwei Wochen sollte die Fahrt dauern, aber wir hatten nicht mehr das rechte Zutrauen nach unseren Amazonas-Erfahrungen. Wer weiß, wo der Dampfer diesmal steckenbleiben würde?

Von Lima flogen wir dann nach La Paz in Bolivien und von dort weiter nach Brasilien. Argentinien haben wir ausgelassen. In Brasilien hatte ich Verwandte, die wir besuchten. Sie waren vollkommen sprachlos und ganz außer sich, sie hatten gedacht, daß ich in Deutschland umgekommen wäre.

In Brasilien wird Portugiesisch gesprochen. Bis dahin war ich der Meinung gewesen, daß der Unterschied zum Spanischen schon zu überbrücken sein würde. Aber ich verstand kein Wort, und Englisch sprach dort auch niemand. Es war also recht schwierig. Immerhin, wir waren in Rio und bestaunten den Zuckerhut. Am Strand von Copacabana kauften wir für Jeff einen großen Drachen, mit dem er glücklich hin- und herrannte. Wir fuhren dann weiter nach Sao Paulo, um von dort nach Brasilia zu gelangen, in die aus dem Urwald gestampfte neue Hauptstadt Brasiliens, die sehr sehenswert sein sollte.

Vorher gingen wir noch rasch aufs amerikanische Konsulat, um unsere Post abzuholen. Dort riet man uns, am besten sofort das Land zu verlassen, denn in Brasilien sei gerade eine Revolution ausgebrochen. Das hatten wir aufgrund unserer Sprachschwierigkeiten gar nicht mitbekommen. Wir flogen also schleunigst nach Panama, wo unser Auto auf uns wartete.

Unser nächstes Ziel war Australien. Wir hatten schon vor längerer Zeit Billetts für die Überfahrt auf einem Passagierschiff der Pacific & Orient Linie gekauft. Die australische Regierung war zu dieser Zeit noch sehr entgegenkommend. Sie wollte Einwanderer ins Land holen und hatte unsere Passage samt Auto bezahlt. Wir mußten nur zehn Pfund Sterling drauflegen. So lief das damals, nach dem gewaltigen Verlust an Menschenleben während des Zweiten Weltkriegs. Heute ist Australien für Einwanderer genauso schwierig zugänglich wie Europa und Amerika.

Wollte ich überhaupt nach Australien? Ich dachte damals, warum denn nicht? Ich war ja nirgends richtig zu Hause. Wieso also nicht nach Australien fahren? Wir hatten schließlich schon lange den Plan gehegt, irgendwo eine Farm zu kaufen und ein autonomes Landleben zu führen.

Die Überfahrt war ein Traum. Von dem Essen habe ich gleich fünf Kilo zugenommen. Das Schiff war phantastisch: Schwimmbad, Bordspiele, Gesellschaftsräume, Theatervorführungen, alles wurde geboten. Wir hatten natürlich Touristenklasse gebucht, aber wir fühlten uns trotzdem von höchstem Luxus umgeben, besonders nach den Strapazen der letzten Wochen.

Einmal gab es einen zweitägigen Stop in Tahiti. Einen bezaubernderen Flecken Erde hatte ich nie zuvor gesehen. Schöne Menschen, Blumenkränze, Gitarrenmusik an jeder Ecke, überall ein süßer, unvergleichlicher Duft – so stellte ich mir das Paradies vor. Ich dachte an Gauguin, den Maler, der hier ja auch das Paradies gesucht und gefunden hatte. Aber glücklich war er trotzdem nicht.

In Tahiti wäre ich gerne geblieben. Aber das ging nicht, die Insel war französisches Gebiet, und die Franzosen waren nicht so gastfreundlich wie die Australier.

Als nächsten Hafen lief das Schiff Auckland in Neuseeland an. Da man uns sagte, daß es einige Tage dauern würde, bis unser Schiff in Wellington ankäme, mieteten wir uns ein kleines Auto, um die Strecke an Land zurückzulegen. Auf diese Weise sahen wir etwas von Neuseeland. Wir fanden eine herrliche, grüne Südseeinsel, größtenteils von Weißen bewohnt, die besonders freundlich und zuvorkommend waren und sich offenbar hier äußerst wohl fühlten. Man erzählte uns, daß sich drei Millionen Einwohner von der Wolle von dreißig Millionen Schafen ernährten.

Wir besuchten eine Siedlung der Maori, der Ureinwohner Neuseelands, die den gleichen Status wie die weißen Einwanderer genossen und nie verfolgt wurden. Dies zu wissen trägt ebenfalls zu dem friedlichen Gefühl bei, das man in Neuseeland hat. Wir sahen schön geschnitzte Hausverzierungen und laute und fröhliche Eingeborenentänze.

Die größte Attraktion Neuseelands sind seine herrlichen Seen, türkisblau, grün und schwarz gefärbt, je nach der Bodenbeschaffenheit, und seine heißen Quellen, die überall aus dem Boden dampfen. Die berühmtesten sind in Rotorua, wo sie in öffentlichen Bädern als Heilquellen zugänglich sind. Es gibt kaum eine Stelle in Neuseeland, wo es nicht dampft; fast jedes Hotel hat seine eigene Quelle.

Das Wasser, das aus dem Boden kommt, ist so heiß, daß die Quellen eingezäunt sind, damit keiner zu nahe kommt und sich verbrüht. An manchen Stellen kommen Dampf und heißes Wasser wie Vulkane aus der Erde. Die Maoris haben dieses Wasser früher zum Kochen verwendet.

In Wellington trafen wir wieder auf unser Schiff.

Bei der Ankunft in Sydney gingen nicht nur wir an Land, sondern auch die Kisten mit unserem Hab und Gut, und natürlich unser Jeep. Das war gleich ein sympathisches Gefühl auf dem neuen Kontinent: wir waren komplett ausgestattet. Ich mußte nun nicht dauernd meine zweite Bluse und Gerds zweites Hemd für den nächsten Tag waschen.

Zunächst konnten wir als Einwanderer in einem Sammellager gratis wohnen und essen, was schon sehr großzügig war. Aber wir wollten nicht in Sydney bleiben, sondern hinaus aufs Land. So setzten wir uns in unseren Jeep, der ja auch unsere Wohnung war, und fuhren kreuz und quer durch Australien: die schöne grüne Ostküste entlang mit Meilen menschenleerer schneeweißer Strände. Dann nach Westen ins Landesinnere. Dort ist Wüste. Man sieht keine Menschen und nur selten Tiere. Einmal trafen wir eine Herde wilder Pferde. Sonst gab es noch manchmal Känguruhs und Scharen von Galahs, rosa-graue Papageien, die einen Heidenlärm machten.

Es war November, und der November in Australien ist kochend heiß. Nach drei Wochen war ich fix und fertig. Wir ruhten uns ein paar Tage bei Alice Springs in einem Motel mit Klimaanlage aus.

Wer Australien kennt, weiß, daß eine solche Reise ein äußerst anstrengendes Unternehmen ist, das gut geplant sein muß. Denn Wasser und Benzin gibt es nur an weit auseinanderliegenden Stellen.

Wir schauten uns die «homesteads» auf den riesigen Landgütern an. Das größte Gut soll so groß wie der amerikanische Staat Texas sein. Wir sahen, wie die Kinder Schulunterricht über das Radio bekamen. Wir fuhren in Reservate, in denen die Aborigines leben, die Ureinwohner Australiens. Sie führen ein Doppelleben, halb nach ihren eigenen Bräuchen, halb nach denen der weißen Einwanderer. Viele verdienen sich etwas durch den Verkauf von Souvenirs an Touristen: kleine selbstgefertigte Schnitzereien, Nachahmungen ihrer Totems und Bumerangs, die wir ihnen abkauften. Jedes Stück kostete «two bob», zwei Schillinge, obwohl es diese Währungseinheit schon längst nicht mehr gab.

Über den großen Sturt Highway von Darwin, der nördlichsten Stadt, bis hinunter nach Adelaide sind wir mit unserem Jeep gefahren. Als wir nach Sydney zurückkehrten, hatten wir eine konkrete Vorstellung davon, wo wir uns niederlassen wollten. Die Gegend, die uns am besten gefallen hatte, lag im südlichen Teil von Queensland, eine Stunde nördlich von Brisbane, der Hauptstadt, in der Nähe von Nambour. Damals war das eine recht kleine Stadt, heute ist sie groß geworden. In dieser Gegend wollten wir eine Farm suchen.

Aber es kam dann wieder ganz anders, wie so oft in meinem Leben.

Triffst einen du, der die Fehler aufweist,
als ob verborgnen Schatz er dir enthülle,
der weise ist und mahnend dich zurechtweist,
mit solchem Weisen magst du Umgang pflegen;
Denn einem, der mit solchem Menschen umgeht,
gereichet es zum Guten, nicht zum Schlechten.

Dhammapada, Vers 76

Auf einer Insel im Indus

In Sydney erwartete uns ein Telegramm. Absender war eine Firma, für die Gerd einmal als Elektroingenieur gearbeitet hatte. In dem Telegramm wurde ihm ein Zweijahreskontrakt in Pakistan angeboten. Soweit es die Bezahlung betraf, war es ein sehr guter Vertrag. Was den Job anging, so handelte es sich um einen sogenannten «Knochenjob». Am Indus sollte an einer Stelle, an der der Fluß bereits gestaut war, ein Kraftwerk gebaut werden.

Wir entschlossen uns sehr rasch, diesen Kontrakt im Rahmen des «Colombo-Plans» zu unterschreiben. Dabei handelte es sich um einen Entwicklungsplan, den die großen Industriestaaten in Colombo, der Hauptstadt von Sri Lanka, unterschrieben hatten. Er verpflichtete diese Staaten, den noch nicht entwickelten Ländern große Projekte zur Industrialisierung einschließlich Personal und Material, zur Verfügung zu stellen. Das Indus-Kraftwerk in Pakistan war so ein Projekt, das von Kanada finanziert wurde.

Bevor wir abreisen konnten, mußten wir bei den australischen Behörden vorstellig werden und ihnen klarmachen, daß sie uns zwar die Überfahrt bezahlt hatten, wir aber jetzt erst einmal zwei Jahre nach Pakistan wollten. Die Behörden waren kooperativ. Wir mußten die Summe, die sie für uns aufgewendet hatten, bei einer Bank hinterlegen. In zwei Jahren, sofern wir zurückkehrten, würde sie uns wieder ausgezahlt werden.

Das geschah dann tatsächlich so. Obwohl wir erst fünf Jahre später zurückkehrten, bekamen wir unser Geld wieder. Der australische Staat war damals ungeheuer großzügig. Und wir waren genau die Art von Menschen, die sie haben wollten: Elektroingenieur mit Frau und einem kleinen Jungen, denen man zutrauen konnte, daß sie vor keiner Schwierigkeit zurückschreckten.

Wir waren keine Reisenden im eigentlichen Sinne. Reisende brechen von zu Hause auf und kehren irgendwann wieder heim. Wir waren Weltenbummler, Nomaden.

Unsere Flüge von Australien nach Pakistan, bezahlt von Gerds Firma, buchten wir so, daß wir einen kleinen Umweg über Israel machen konnten. Gerd hatte einmal eine Zeitlang in Israel gelebt, sprach perfekt Iwrit, die Landessprache, war Offizier in der israelischen Armee gewesen und hatte viele Verwandte dort. Was lag näher, als ein paar Wochen damit zu verbringen, uns Israel anzuschauen?

Alle Stätten der Bibel erwachten für mich zum Leben. Ich fühlte eine neue Verbundenheit mit meiner jüdischen Herkunft. Archäologisch ist Israel ja eine wahre Fundgrube, alles führt dem Besucher die abenteuerliche Vergangenheit des Landes vor Augen.

Und dann flogen wir nach Karachi. Pakistan empfing uns mit einer kaum vorstellbaren Hitze. Die Stadt Sukkur in

Sindh, in die wir zunächst von Karachi aus fuhren, liegt mitten in der Sindhi Wüste. Sukkur hatte damals etwa 100 000 Einwohner, aber es war keine Stadt, wie wir sie kannten, sondern nur eine Anhäufung von Häusern, in einem Meer von Staub erbaut. Der zweitheißeste Ort der Welt ist nur 30 Meilen von dort entfernt. Der heißeste liegt in der Sahara.

Von Sukkur aus fuhren wir zu Gerds Arbeitsplatz am Indus. Dort stellten wir fest, daß wir keine Unterkunft hatten, kein Dach über dem Kopf. Dabei war die Firma sehr zufrieden, daß sie in Gerd jemanden gefunden hatte, der bereit war, an diesem abgelegenen Platz zu arbeiten. Es gab nicht viele Ingenieure, die dafür zu gewinnen waren. Die meisten hatten schließlich Frau und Kinder, die in ihren Häusern und Schulen, bei ihren Freunden und Verwandten bleiben wollten. So froh die Firma über unser Kommen war, irgendwelche Vorbereitungen für uns hatte sie nicht getroffen.

Ein zukünftiger Kollege war schon vor uns eingetroffen, ohne seine Familie. Er hatte sich ein Zimmer gemietet. Was wir machen sollten, wußte er auch nicht. Wir müßten halt schauen, meinte er.

Wir «schauten» und trafen einige englische Ingenieure, die gerade eine Brücke über den Indus repariert hatten und nun ihre Sachen packten. Auf einer Insel im Fluß hatten sie zwei langgestreckte Häuser mit lauter Einzelzimmern bauen lassen, die aussahen wie eine kleine primitive Motel-Anlage. Diese beiden Häuser konnten wir von ihnen übernehmen. Wir haben uns dann in den verschiedenen Zimmern ganz gut eingerichtet. Ein Bett und ein Schrank standen in jedem Raum. Was wir sonst noch brauchten, mußten wir in Sukkur kaufen.

Und dann traf das für uns vorgesehene Personal ein. Die Firma hatte nämlich ein Abkommen getroffen, wonach die pakistanische Regierung unsere Bediensteten zu zahlen hatte. Wir wurden gar nicht gefragt, sie zogen einfach alle bei uns ein: ein Koch, ein Bearer, ein Sweeper, ein Dobi, Maschinisten für die vorhandenen Generatoren und drei Wächter, die auf uns im Turnus von acht Stunden aufpassen sollten. Alle bekamen ihren Lohn von der Regierung. Wir mußten sie nehmen, ob wir wollten oder nicht.

Unser Koch war ein Juwel. Er hatte in einem englischen Haushalt gearbeitet, nannte mich «Memsahib» und kochte ausgezeichnet. Ein Bearer ist ein männliches Hausmädchen. Er serviert das Essen, wäscht das Geschirr und trägt bei der Arbeit einen goldfarbenen Turban auf dem Kopf. Der Sweeper war dazu da, sauber zu machen – jedenfalls relativ sauber, wenn man nicht so genau hinsah.

Unser Dobi, der die Wäsche waschen sollte, war eine Katastrophe. Er machte alles kaputt. Man wäscht dort nach einer eigenartigen Methode: das Wäschestück wird naß gemacht und dann so lange gegen einen Stein geschlagen, bis es «sauber» ist. Richtig sauber war es nie – zumal es noch dazu keine Wäscheleinen gab. Als Trockenplatz diente der Erdboden. Immer war irgendein Wäschestück kaputt. Ich wollte den Dobi schon mehrmals entlassen; aber er warf sich dann immer auf die Knie und flehte mich an, ihn zu behalten, er habe «seven smalls». «Seven smalls» sind sieben Kinder. Natürlich habe ich ihn nicht entlassen.

Mit unseren Wächtern war auch kein großer Staat zu machen. Eines Nachts wurden wir von dem kläglichen Ruf «Sahib, Sahib!» und einem Gehämmer an unserer Schlafzimmertür geweckt. Draußen stand der Nachtwächter mit schlotternden Knien und bat Gerd, sofort mit ihm zu kommen. Wir konnten seinem Gestammel entnehmen, daß eine Riesenkobra an der Küchentür sei.

Gerd gab ihm zu verstehen, daß für so etwas schließlich der Wächter zuständig war. Der aber schrie nur immer wieder «Master!». Also ging Gerd mit zur Küchentür, wo sich tatsächlich eine Kobra hoch aufbäumte. Er verjagte sie mit ein paar gut gezielten Steinwürfen. Wir sahen die Kobra nie wieder. Während der Aktion, die eine gute halbe Stunde dauerte, versteckte sich der Wächter in der Küche.

Außerdem hatten wir einen Chauffeur. Der konnte zwar den kleinen, offenen Army-Jeep, den wir in Pakistan bekommen hatten (unser eigener war in Australien geblieben), nicht fahren, aber er konnte Urdu, die Landessprache, und Pushdu, was man mehr im Norden Pakistans spricht. So wurde er unser Dolmetscher und fühlte sich außerdem als unser Beschützer.

Wir richteten uns also häuslich ein. Ich ließ mir aus Australien Schulmaterial für Jeff kommen. Dort gibt es nicht nur eine Radioschule für die Kinder entlegener Siedlungen, sondern auch eine Schule, die per Post kommt. Von ihr wurde ich regelmäßig in Pakistan beliefert.

Jeden Vormittag hielt ich mit Jeff einen Unterricht ab. Das war nicht ganz einfach, denn er wollte sich nicht so gerne ruhig mit mir zum Lernen hinsetzen. Aber er hat dann doch mitgemacht, vor allem, weil ihm Lesen und Schreiben Spaß machten.

Als wir schon länger dort lebten, schickten wir ihn auf eine pakistanische Schule, damit er auch mit anderen Kindern zusammenkam. Er lernte dort Urdu, aber er war todunglücklich als einziger Ausländer unter 700 einheimischen Kindern. Wir nahmen ihn daher bald wieder von der Schule.

Gerd hatte ein Büro zugeteilt bekommen – und eine Sekretärin, die keine Ahnung von ihrem Job hatte. Das endete damit, daß ich ihre Stelle übernahm und ebenfalls von der Firma angestellt wurde. Es war keine schlechte Lösung, weil sie unser Familieneinkommen erhöhte, und weil Gerd dadurch die dringend benötigte professionelle Hilfe bekam. Außerdem hatte ich ja sonst nicht viel zu tun.

Ich arbeitete mich also in das Fachgebiet der Überland-Stromleitungen ein. Gerd sollte die Leitungen planen, vermessen und Zeichnungen anfertigen, nach denen sie errichtet werden konnten. Auch das dazugehörige Kraftwerk sollte er in allen Einzelheiten planen, Material anfordern und Kosten berechnen. Das Kraftwerk sollte vom Wasser des gestauten Indus gespeist werden. Baumaterialien im Wert von vielen Millionen Dollar wurden auf den Rücken von Kamelen angeliefert. Das sah lustig aus. Wir haben die Kamelkarawanen fotografiert, denn so etwas sieht man nicht oft: Modernste Technik auf Kamelhöckern.

Unsere Insel war mit den beiden Ufern durch Brücken verbunden. Die eine Brücke kam von Sukkur herüber, die andere führte weiter nach Rohri, der nächsten Stadt.

Jeden Morgen um fünf Uhr drangen die Töne des Muezzins bis zu uns ins Haus. Muezzins sind Moscheediener, die fünfmal täglich von den Minarettspitzen der Moscheen die Gläubigen zum Gebet aufrufen. Heutzutage wird dies in muslimischen Städten meist von Tonkassetten und Lautsprechern erledigt. Aber damals waren es noch echte Stimmen, und sie klangen wunderschön. Ich hörte ihnen zu, schaute aus meinem Fenster und bestaunte die Kamele und Esel, die über die Brücken wanderten und mit ihren Glöckchen noch zu der orientalischen Atmosphäre beitrugen.

Die Brücken hatten – außer ihrer Bedeutung für den Verkehr – noch eine andere Funktion: Da sie die Verbindung zwischen zwei Städten – Sukkur und Rohri – waren, stellten sie einen bevorzugten Aufenthaltsort für Bettler dar. Dutzende von ihnen lagen und saßen dort in einer langen Reihe, streckten ihre verstümmelten Arme oder Beine den Passanten entgegen und verlangten Gaben. Ich sah oft, wie die Einheimischen jedem Bettler eine Münze reichten.

Ich selbst war ratlos, wie ich mich in dieser Angelegenheit zu verhalten hatte. Da Gerd und ich täglich mehr als einmal eine Brücke passierten und die Bettler furchtbar jämmerlich, elend und verzweifelt aussahen, hatte ich den dringenden Wunsch, etwas für sie zu tun. Andererseits war es kaum möglich, mehrere Male täglich Dutzende von Münzen zu verteilen. Ich erkundigte mich bei unserem Koch, was er für die beste Lösung hielt.

Er hatte einen klugen Vorschlag, dem wir während der ganzen Zeit unseres Aufenthalts auch folgten. Er sagte, es sei der Brauch, daß wohlhabende Menschen einmal monatlich die ganze Bettlergilde ihrer Stadt zu einem Festmahl einluden. Er sei bereit, das Mahl zu besorgen und zu kochen.

Auf meine Frage nach der Bettlergilde erklärte er mir, daß dies eine Art Gewerkschaft sei, mit einem Präsidenten und anderen Funktionären, und daß jeder Bettler von dieser Gilde seinen genauen Standort zugewiesen bekomme. Dabei deutete er auf einen besonders armselig aussehenden Bettler in der Ferne und sagte, dies sei der Präsident der Gilde und ein wohlhabender Mann mit mehreren Häusern in Sukkur.

Wie würden die Bettler erfahren, daß wir an einem bestimmten Tag dieses Mahl für sie ausrichten wollen? Er versicherte mir, es genüge vollauf, wenn er das auf dem Bazaar (Markt) ankündigen würde.

Und so geschah es auch: An dem vorgesehenen Tag erschienen ungefähr 500 Bettler fröhlich schwatzend und machten sich über das Festmahl her, das der Koch vor unserem Haus für alle auftischte. Er hatte den ganzen vorigen Tag daran gearbeitet, es blieb kein Krümel übrig. Dies schien tatsächlich die richtige Lösung zu sein, denn wann immer wir die Brücken passierten, winkten uns die Bettler freundlich zu – und mir war leichter ums Herz.

Im Alltag kamen mir jetzt meine Kindheitserfahrungen mit den Hausangestellten in Berlin zustatten. Es war für mich nicht so ungewöhnlich, dem Personal Anordnungen zu erteilen, wie dies für die Frauen der anderen ausländischen Ingenieure war. Diese verzweifelten oft an der Aufgabe, ihre Dienerschar organisieren zu müssen.

Leicht war das wirklich nicht. Ich mußte mich um alles kümmern. Die Tochter unseres Chauffeurs sollte heiraten, und ich mußte ihn in der Frage der Mitgift beraten. War einer von meiner «Mannschaft» krank, oblag es mir, einen Arzt zu besorgen. Wenn die Diener untereinander stritten, mußte ich schlichten.

Manchmal dachte ich an die schweren Zeiten im Lager von Shanghai zurück, wo ich so arm gewesen war. Jetzt hatten wir plötzlich genug Geld, und ich war fast wieder wohlhabend. Ich hatte eine Schar Bediensteter und konnte mir eigentlich kaufen, was ich wollte. Aber ich wußte gar nicht, was ich mir hätte kaufen sollen.

Wieder kam dieses Gefühl in mir hoch, daß es noch etwas anderes geben müßte, als viel oder wenig Geld zu haben, arm oder reich zu sein. Es müßte etwas anderes geben, damit das Leben einen Sinn hätte.

Der *bearer* serviert Tee auf der Terrasse. Von links: Jeffrey, Gerds Tante Grete und ich. Im Hintergrund der Fluß Indus.

Unser Leben glitt in die Alltäglichkeit ab. Jeff spielte und lernte, Gerd saß in seinem Büro oder fuhr über Land, um die Trassen für die Strommasten zu vermessen. Einmal kam er nach Hause und erzählte, daß er einen sehr alten Bauern getroffen hätte, der neben der Straße gehockt sei. Gerd war aus seinem Jeep gestiegen und hatte ihn gefragt, ob das sein Land sei, denn er wollte es ja vermessen. Der Bauer hatte geantwortet: «Nein, das Land gehört Allah! Ich passe nur darauf auf.»

Das war für mich eine bemerkenswerte Antwort. Auf der Insel lebte außer uns und unseren Dienern ein sogenannter Pir, ein muslimischer Weiser, vergleichbar einem Priester. Er wohnte allein in einem kleinen Tempel. Wir besuchten ihn manchmal und brachten ihm Obst oder Kuchen.

Weil wir kein Urdu sprachen, mußten wir unseren Chauffeur als Übersetzer mitnehmen. Dieser Pir hatte eine Ausstrahlung, die wir deutlich spürten. Er hätte uns sicher viel erzählen können, aber auf dem Umweg über den Übersetzer, der gar nichts von den Dingen verstand, die wir gerne erfahren hätten, kam kein richtiges Gespräch zustande. Das war sehr schade, denn man begegnet ja nicht oft Menschen, bei denen man das Gefühl hat, sie könnten einem Wichtiges mitteilen.

Dann bekam Gerd Malaria. Ich brachte ihn in todkrankem Zustand in ein Hospital holländischer Missionsärzte. Sie pflegten ihn wieder gesund, aber es dauerte Wochen, bis er das Krankenhaus verlassen konnte.

In dieser Zeit versuchte ich, mich in dem Hospital nützlich zu machen, weil es überall an Personal fehlte. Aber ich muß ehrlich gestehen, daß ich ständig mit einem Gefühl der Übelkeit zu kämpfen hatte. Ich bin für Krankenhausarbeit wohl nicht geeignet, schon gar nicht unter den dortigen Bedingungen. Alles, was ich sah und hörte, bedrückte mich unendlich. Die Einrichtungen und Geräte waren primitiv und unhygienisch. Die Ärzte taten, was sie konnten, aber es gab einfach zu viele Patienten und zu viele Krankheiten.

Die Menschen lagen auf dem schmutzigen Boden, weil niemand zum Saubermachen da war. Es fehlte an Verbandszeug und Medizin und an schmerzstillenden Mitteln. Eine Weile habe ich dort geholfen, dann gab ich auf. Natürlich war ich deshalb von mir selbst enttäuscht.

Es gab noch eine andere Enttäuschung. Wir hatten diesen Job nicht nur des Geldes wegen angenommen, sondern vor allem auch, weil wir dachten, daß wir den unterprivilegierten Menschen dieser Gegend durch die Elektrizität helfen könnten, ein etwas leichteres Leben zu führen. Aber das stellte sich als Utopie heraus. Die reichen Landbesitzer konnten die Vorteile für sich nutzen, die Armen jedoch konnten von den Neuerungen nicht im entferntesten profitieren. Sie waren, als das Kraftwerk fertig wurde, genau so elend dran wie zuvor.

Gerds Position brachte natürlich auch gesellschaftliche Verpflichtungen mit sich. Umgang mit Kollegen des Pakistani Elektrizitätswerks, mit anderen westlichen Ingenieuren, die an unserem oder ähnlichen Projekten arbeiteten, auch mit Diplomaten und Konsulatsangestellten. Wir mußten öfters in Lahore und auch in Karachi an Empfängen teilnehmen. Wir wohnten dann einige Tage in den größten Luxushotels.

Solche Veranstaltungen hatten für uns immer eher einen abschreckenden Charakter. Gerd und ich kamen zu der Überzeugung: so wollten wir nie leben. Man traf sich, klatschte und trank – das war das Wichtigste. Außerdem waren wir Vegetarier, und auf diesen Festen gab es immer Berge von Lamm- und Ziegenfleisch, auf verschiedenste Arten zubereitet. Die Tischgespräche interessierten uns kein bißchen. Wir waren entschlossen, nach Ablauf der zwei Jahre den Vertrag nicht zu verlängern.

Am tiefsten haben mich in Pakistan die Begegnungen mit einheimischen Frauen berührt. Sie hatten nicht die geringsten Rechte gegenüber den Männern, jedenfalls nicht zu der Zeit, als wir dort waren. Manches mag sich vielleicht in der Zwischenzeit verändert haben, ich fürchte jedoch, nicht viel.

Die pakistanischen Frauen trugen – vor allem auf dem Land, wo wir lebten – alle den Burka. Der Burka ist ein Gewand, das die Frau von Kopf bis Fuß einhüllt. Nur ganz

Mit Gerd. Ich trage den Burka, den alle Frauen beim Ausgehen anhaben, damit nichts von Gesicht und Körper zu sehen ist. Jeffrey staunt sehr beim Anblick seiner Mutter.

kleine, mit Spitzenstoff bedeckte Schlitze für die Augen verhindern, daß sie beim Gehen nicht der Länge nach hinfällt. Nur in Karachi sah man hin und wieder einmal junge Frauen ohne Verschleierung.

Ich bin anfangs in meinen gewöhnlichen Kleidern auf die Straße gegangen und habe erlebt, daß kleine Jungen und auch ältere Männer Steine nach mir warfen. Eine Frau, die ihre Gesicht zeigt, so erklärte mir unser Koch, wird für eine Prostituierte gehalten. Es war ja eigentlich ganz deutlich zu sehen, daß ich eine Ausländerin war, aber auch ich war eine Frau.

Um mir solche Szenen zu ersparen, habe ich mir schließlich von einem Schneider einen Burka machen lassen. Es war schrecklich unangenehm, ihn zu tragen. Vor allem war es sehr heiß darunter, und dann konnte ich auch nur wenig sehen. Ich ging darin nur selten aus.

Im Koran las ich nach, daß die Frauen ihre «privaten Teile» nur dem eigenen Mann zeigen dürfen. Das heißt zum Beispiel auch, daß der Arzt ihren Körper nicht unbekleidet sehen darf. Nur in Gegenwart des Ehemannes darf der Doktor unter dem Burka die kranken Stellen abtasten.

Frauen sollten möglichst wenig in Erscheinung treten. Wenn Gerd und ich gemeinsam über Land fuhren, wurden wir unterwegs oft von Guts- oder Webereibesitzern in ihre Häuser eingeladen. Niemals war eine Frau zugegen. Wenn ich den Wunsch äußerte, durfte ich in die Frauengemächer gehen.

Bei solchen Gelegenheiten hörte ich von den Frauen, wie unglücklich sie waren. Sie durften im Prinzip nichts anderes machen als Kinder kriegen und essen. Solange sie jung waren, waren sie bildschön. Aber sie wurden schnell unförmig dick, so unbeweglich, wie sie waren. Schließlich war Essen ihre einzige Freude.

Zu einem solchen Haus gehörte auch eine junge Frau aus wohlhabender Familie, die eine gute Schulbildung hatte und Englisch sprach. Ihr Vater war pakistanischer Botschafter in den USA gewesen. Sie hatte in die Familie, bei der Gerd und ich zu Besuch waren, eingeheiratet. Es war sogar – ganz außergewöhnlich – eine Liebesheirat gewesen. Sie war völlig verzweifelt über die Art von Leben, zu der sie hier gezwungen wurde. Sie hatte eine Schule für Mädchen gegründet, die einzige weit und breit.

Sie bat mich, einmal dort hinzukommen und zu unterrichten. Aber die Kinder konnten ja kein Englisch, und so schnell konnte ich ihnen das auch nicht beibringen. Unser Aufenthalt in Pakistan ging allmählich dem Ende zu.

Ich habe die junge Frau ein paarmal in ihrer Schule besucht und spürte, wie glücklich sie diese Betätigung machte. Sie schöpfte daraus ein Selbstwertgefühl, das ihre Schwägerinnen nicht kannten. Diese waren todunglücklich über die Langeweile und Enge, in der sie leben mußten. Nur die alte Schwiegermutter fand das alles ganz richtig. Was hatte sie wohl gefühlt, als sie selbst jung war?

Einmal habe ich die Damen aus diesem Haus zu uns eingeladen. Sie kamen in ihren schwarzen Burkas aus Seide, die sie auszogen, als sie bei mir waren. Aber dann betrat unser «Bearer» mit Kaffee und Kuchen das Zimmer, und sie liefen schreiend davon. Er durfte doch ihre Gesichter nicht sehen! Ich versprach hoch und heilig, daß weder der Diener noch ich ein Sterbenswörtchen verraten würden. Es dauerte eine Weile, bis sie sich beruhigten und die kleinen, süßen Petits-Fours aßen, die der Koch extra für sie gebakken hatte. Es war ein unwahrscheinlicher Kuchenberg, der wunderbar schmeckte. Sie aßen alles auf.

Ich fragte sie, ob sie sich nicht vorstellen könnten, ihr Leben zu ändern. Ich schlug einige Möglichkeiten vor, über die ich mir Gedanken gemacht hatte. Ach, das würden sie gerne, aber wie? Keine konnte sich meine Ideen zu eigen machen oder überhaupt nur erwägen, sie in die Tat umzusetzen.

Sie waren sichtlich erleichtert, sich einmal so richtig aussprechen zu können: bei einer Ausländerin, die nichts weitererzählen würde. Die Klagelieder über ihre Unterdrückung änderten aber nichts am Status quo. Ich befürchte, daß die Frauen in Pakistan heute noch genauso unterdrückt sind wie vor 35 Jahren, als ich dort lebte.

Ich erinnere mich noch sehr genau an eine Szene in Sukkur. Dort gab es mehrere Kinos, und eines Tages wurde ein Marilyn-Monroe-Film angekündigt. Ein Riesenplakat wurde aufgestellt: Marilyn Monroe im Bikini!

Wir kamen zufällig vorbei und sahen, daß Hunderte von Männern vor dem Plakat standen und mit offenen Mündern die entblößte Haut der Schauspielerin anstarrten. Es war schon seltsam. Gleichzeitig gingen ihre eigenen Frauen, ganz in Schwarz gehüllt, vorbei.

Gerd fotografierte sehr gern. Er hob seine Kamera hoch und knipste. Das hätte uns beinahe eine Schlägerei eingebracht, wäre er nicht so schnell davongerannt. Zumindest die Kamera hätte man Gerd zerschlagen. Es war vielleicht nicht richtig von ihm, diese Situation zu fotografieren, aber sie zeigte drastisch, wie unnatürlich das Leben ist, wenn die eine Hälfte der Bevölkerung die andere Hälfte unterdrückt.

Nach zwei Jahren lief unser Kontrakt aus, aber das Kraftwerk war immer noch nicht gebaut. So schnell ging das nicht. Die Grundrisse waren auf dem Papier, akzeptiert und unterschrieben, und die Kamele hatten Apparate im Wert von zehn Millionen kanadischen Dollars auf ihren Rücken herangeschafft. Kamele sind ein sicheres Transportmittel im Wüstensand, aber sie machen, was sie wollen. Ich habe sie als kratzbürstig und bösartig erlebt. Viele von ihnen trugen Maulkörbe, weil sie sonst ihre Besitzer gebissen hätten. Und wenn sie nicht gehen wollten, blieben sie einfach liegen. Man sagte uns, daß sie nur Lasten bis zu einem bestimmten Gewicht annehmen. Wenn man sie überlud, weigerten sie sich aufzustehen. Gerade diese Eigenwilligkeit faszinierte mich aber auch an ihnen.

Wir wohnten in unmittelbarer Nähe von Orten, an denen vor fünftausend Jahren die Industal-Zivilisation geblüht hatte, für deren Verschwinden es bis heute keine Erklärung gibt. Zum Beispiel Mohenjodaro, eine Stadt, von der wir etwa 40 km entfernt waren. Die Menschen hatten damals schon Bäder in ihren Häusern, es gab auch ein riesiges öffentliches Bad. Sie hatten gepflasterte Straßen und Vorrichtungen, die den Müll aufnahmen. Rund um Mohenjodaro lagen die Felder, die sie bebauten. Eine der Vermutungen darüber, warum die Stadt von ihren Bewohnern verlassen wurde, besagt, daß die Felder allmählich unfruchtbar wurden und immer weiter ins Land hinaus verlegt werden mußten. Daraufhin sollen die Menschen aus der Stadt in die Nähe ihrer neuen Felder gezogen sein.

Solche verlassenen Plätze, von denen es einige in unserer Umgebung gab, haben wir öfter besucht. Wir fanden im Sand Tonperlen, Schmuck und Scherben von Krügen mit schöner Bemalung.

Einmal entdeckten wir eine Werkstatt für Steinwerkzeuge und gruben eine Menge davon aus. Sie lagen beinahe an der Oberfläche: Pfeile, Pfeilspitzen, Hämmer, Messer. Wir nahmen ein paar davon mit und benachrichtigten die Regierung in Karachi von unserem Fund. Das dortige Museum hat dann eine Eselskarawane geschickt und die Werkzeuge säckeweise in die Hauptstadt transportiert. Sie waren fünftausend Jahre alt und sahen genau so aus wie die Steinwerkzeuge, die in Europa gefunden worden waren.

Jeff spazierte viel auf unserer Insel im Indus herum. Er fand wunderschöne Dinge, versteinerte Schnecken und Pflanzen, bemalte Bruchstücke von Töpfen. Wir ließen alles in Karachi vom Museum datieren. Einmal fand er herrliche Keramik-Kacheln. Sie stammten von einer Moschee, die im 7. Jahrhundert auf der Insel gebaut worden war. Ein paar dieser Kacheln haben wir nach Australien mitgenommen.

Eines Tages kam Jeff nach Hause und hatte beide Hände hinter dem Rücken versteckt. «Rat mal, Mami, was ich da habe!» Ich erriet es nicht. Es war ein kleines Tonpferd, ungefähr zehn Zentimeter lang und fünf Zentimeter hoch. Und wie sich später herausstellte, tausend Jahre alt!

Dieses Pferdchen hat er immer noch. Es steht bei ihm zu Hause in einem Glaskasten. Es ist seine einzige Erinnerung an Pakistan. Sonst hat er alles vergessen, die Kamele, den Indus, die Bediensteten, die Vormittage, an denen ich ihm Unterricht gegeben habe, den Ruf des Muezzins im Morgengrauen.

Als unsere Zeit auf der Insel zu Ende ging, packten wir alles, was wir besaßen, in Kisten und schickten sie nach Australien, wo sie für uns aufbewahrt wurden.

Gerd hatte den Plan, nach London zu fliegen, dort ein Landrover-Wohnmobil zu kaufen und damit durch Europa und Kleinasien, Kaschmir und Indien bis Singapur zu fahren. Von dort aus sollte es per Schiff zurück nach Australien gehen. Ich bin sicher, daß Gerd diesen Plan entworfen hat, nicht ich. Ich ließ mich, wie sonst auch, mitziehen.

Was ich suchte, hatte ich immer noch nicht gefunden. Also war es doch möglich, daß es vielleicht an einem anderen Ort zu finden war.

Lang ist dem Wachenden die Nacht,
Die Meile lang dem müden Mann,
Weltwand'rung lang dem Torenvolk,
Das nicht die rechte Lehre kennt.

Dhammapada, Vers 60

Das Gefühl von Freiheit

Mit ganz kleinem Gepäck kamen wir in London an. Auf dem Flughafen erwartete uns ein Mitarbeiter von der Firma Rover und drückte Gerd die Schlüssel für unser Landrover-Wohnmobil in die Hand. Er sagte: «Gute Reise!» und verschwand. Gerd kannte das Auto nicht und war noch nie in einem Land mit Linksverkehr gefahren. Man kann sich leicht ausrechnen, wie interessant unser erster Reisetag war. Gerd suchte nach den richtigen Schaltern und Knöpfen, und ich saß daneben und schrie: «Links, links!!», weil er dauernd auf der falschen Straßenseite fuhr.

Hinten drin saß Jeffrey und ließ sich davon überhaupt nicht stören. Ich kann mich nicht erinnern, daß das Kind auf der ganzen, langen Reise, die wir schon hinter uns und noch vor uns hatten, je geweint, genörgelt oder geschrien hat. Er saß immer hinten und guckte aus dem Fenster. Einmal fragten wir ihn, was es alles zu sehen gäbe. Er sagte: «Das ist doch wie im Film, läuft alles am Fenster vorbei, und ich schaue zu.»

Wir hatten von meiner Mutter und meinen Tanten Briefe bekommen, in denen sie sich beklagten, wie man dem armen Kind zumuten könne, durch die ganze Welt zu gondeln, ohne Spielkameraden. Ein Kind müsse doch ein beständiges Heim haben. So dachten sicher viele Menschen. Aber Jeff schien vollkommen zufrieden zu sein.

In London mieteten wir uns auf einem Caravan-Parkplatz ein und machten es uns in unserem Landrover wohnlich. Die Sitze konnte man zu einem Doppelbett herunterklappen, es gab einen Tisch, Kocher, Schrank und Spüle. Das Wagendach war zum Hochklappen, so daß man im Inneren aufrecht stehen konnte. Oben waren noch einmal zwei Betten. Jeff hat dort oben geschlafen. Das fühlte sich ein bißchen an wie in einer Hängematte; er fand es wunderbar.

Wir hatten Zeit. Gemächlich fuhren wir durch die reizenden kleinen englischen Dörfer bis Dover, dann durch Frankreich bis hinunter zur Côte d'Azur. Wir wurden nirgends erwartet, mußten keine festgelegte Route einhalten. Dieses Gefühl von Freiheit, sich dem Fluß der Tage zu überlassen, habe ich noch sehr gut in Erinnerung. Es war wie ein Besuch bei guten Freunden, die uns ihre Heimat zeigten.

Gerd und ich hatten beide in der Schule Französisch gelernt, aber was wir konnten, reichte in Frankreich nicht zur Verständigung aus. Unsere Aussprache war so schlecht, daß uns niemand verstand, und Englisch wollte oder konnte keiner reden.

In Monte Carlo wollte ich das Spielcasino kennenlernen, um auch das einmal erlebt zu haben. Jeff schlief im Landrover. Wir gaben dem Parkwächter ein Trinkgeld, damit er auf unser Fahrzeug, mit einem kleinen Jungen darin, aufpaßte. Das tat er auch, aber Jeff rührte sich die ganze Nacht nicht, wie immer.

Im Casino beeindruckte mich die Eleganz der Besucher und die Tatsache, daß man alles umsonst bekam – Getränke, kleine Sandwiches, Zigarren, Zigaretten. Aber am interessantesten war es, die Spieler zu beobachten: ihre Gesichter, in denen sich eine Gier widerspiegelte, die Menschen ja im normalen Leben sorgfältig verstecken. Hier ließ man ihr freien Lauf: einer unverhüllten, brennenden Gier, bei deren Anblick mir spontan das Wort «Hölle» in den Sinn kam. Man spricht ja auch von der «Spielhölle».

Das erinnerte mich an eine andere, eindrucksvolle Erfahrung: Als ich meinen ersten Meditationskurs mitmachte, hatte ich schon am zweiten Tag ein «Höllenerlebnis». Ich hatte das Gefühl, daß mich seltsame, ganz dünne Wesen, die aussahen wie Strichfiguren, festhielten und mich wiederholt in glühenden Teer eintauchten. Dabei sprachen sie ständig mit ganz hohen Stimmen: «Dies ist der Weg zur Erleuchtung. Dies ist der Weg zur Erleuchtung.»

Ich konnte mich erst von ihnen befreien, als ich aufhörte zu meditieren. Später fand ich heraus, daß der Buddha gesagt hatte, man müsse einmal im Leben ein Höllenerlebnis haben, um sich vor den Gefahren von schlechtem Karma zu schützen.

Damals in Monte Carlo setzte ich zwei Jetons. «Rien ne va plus», sagte der Croupier und schickte seine Kugel los. Natürlich verlor ich, zum Glück nur eine ganz kleine Summe.

Wir fuhren nach Spanien, von dort nach Italien und nach Österreich. Die Umwege sind dadurch erklärlich, daß Gerd nicht durch Deutschland reisen wollte. Er sagte, er könne das noch nicht verkraften. Ich selbst hatte die Versöhnung längst vollzogen, er war dazu damals noch nicht imstande. Zwar sprach er weiterhin die deutsche Sprache, aber er wollte das Land nicht betreten, in dem seine Familie ermordet worden war. Erst jetzt, vor etwa zwei Jahren, hat er sich mit Deutschland ausgesöhnt, was ein großes Glück ist. Denn Haß und Ablehnung bringen nur Unglück mit sich – für uns selbst und für die ganze Welt.

Wien und das Riesenrad im Prater; Jugoslawien und Dubrovnik, diese damals wunderschöne Stadt am Meer. Volkstänze in bunten Trachten fanden am Abend auf den flachen Dächern der Häuser statt. Alle Einwohner und Besucher saßen miteinander schwatzend auf den Stufen der steilen Gassen und freuten sich an der Musik und den hübschen Tänzen. Wir klatschten im Rhythmus der Musik mit. Diese Erinnerung tut heute weh, wenn man weiß, daß die Stadt inzwischen fast zerstört worden ist.

Griechenland und die Akropolis. Einmal saßen wir in einem Amphitheater unter freiem Himmel und sahen uns ein klassisches griechisches Stück, aufgeführt in griechischer Sprache, an. Wir verstanden nichts, aber das war unwichtig. Man saß auf diesen zweitausend Jahre alten Steinen, blickte auf die Schauspieler in ihren weißen Gewändern und horchte wie auf einen Gesang. Es war wie in einem phantastischen Traum.

Dann fuhren wir durch den «Eisernen Vorhang» nach Bulgarien. Es gab keine Schwierigkeit bei der Einreise mit unseren britischen und amerikanischen Pässen. Aber dann stellte sich heraus, daß wir dort nichts zu essen kaufen konnten. Nichts! Die großen Supermärkte waren leer, und wir brauchten schließlich jeden Tag etwas, wir hatten ja keinen Kühlschrank für Vorräte.

Überall waren Riesenplakate angebracht, auf denen verkündet wurde, daß irgend jemand im letzten Monat der beste Arbeiter gewesen war und eine Auszeichnung bekommen hatte. Aber es gab noch nicht einmal trockenes Brot.

Gerd drückte aufs Gas, damit wir so schnell wie möglich die Türkei erreichten. Wir fuhren am Schwarzen Meer entlang, und ausgerechnet auf dieser schönen Etappe gerieten wir in eine gefährliche Situation – das einzige Mal während der ganzen Reise.

An einem Platz, der uns gefiel, hatten wir mit unserem Wohnmobil gehalten, irgendwo in der freien Natur, wie immer. Wir saßen draußen und aßen unser Abendbrot, als plötzlich ein Mann mit einem großen Messer erschien. Er sagte etwas, wir verstanden kein Wort. Vielleicht will er etwas zu essen haben, dachte ich, und bot ihm etwas an.

Aber das wollte er nicht. Er sah sich um, betrat das Fahrzeug, musterte unsere Sachen, kam wieder heraus, und fuchtelte die ganze Zeit mit seinem Messer herum. Es war uns schon sehr mulmig zumute. Auf einmal ging er weg.

Wir verließen den Platz natürlich, es war uns nicht mehr geheuer, dort zu bleiben. Gerd fuhr weiter, bis wir zu einer Obstplantage kamen. Dort gab es einen alten Mann als Wächter, der uns durchs Tor fahren ließ und hinter uns abschloß. Er verstand ein bißchen Deutsch. Wir durften übernachten und soviel Obst essen, wie wir wollten, was uns einigermaßen für den Schrecken entschädigte.

Von da an stellten wir uns in der Türkei jede Nacht mit unserem Fahrzeug vor einer Polizeistation auf, um zu schlafen. Man soll das Schicksal ja nicht herausfordern.

Vielleicht waren wir die letzten wirklich gemächlich Reisenden in der zweiten Hälfte unseres Jahrhunderts. Wir wurden durch nichts angetrieben, wir hatten kein Besichtigungsprogramm, wie man es heute kennt. Es wurde eine sehr lange Reise – wie ein bunter Teppich, wenn ich zurückschaue.

In der Türkei besuchten wir Troja, die Ausgrabungsstätten, die Schliemann entdeckt hatte. Im Irak herrschte gerade Aufruhr, also schnell weiter in den Iran! In Teheran stürzten wir uns mit unserem braven Wohnmobil in die dortige Verkehrshölle. Es gab schon damals, was den Verkehr betraf, nichts Schlimmeres als Teheran. Man hatte das Gefühl, daß lauter Verrückte auf der Straße waren. Um die kümmerte sich aber offenbar niemand. Als Gerd hingegen in eine Einbahnstraße falsch einbog, war sofort ein Polizist zur Stelle. Er machte eine sehr strenge Miene. Wir zermürbten ihn, indem wir Spanisch sprachen. Er verstand kein Wort. Nach einer halben Stunde sagte er auf Englisch, wir sollten zur nächsten Polizeistation fahren. Dann ging er weg. Wir fuhren natürlich zu keiner Polizeistation.

Von Teheran habe ich vor allen Dingen die Märkte im Gedächtnis. Überall duftete es nach Gewürzen und Ölen, und man konnte wunderschöne Teppiche kaufen. Wir mußten uns sehr zusammennehmen, unser Geld, mit dem wir doch in Australien eine Farm kaufen wollten, nicht schon unterwegs auszugeben.

In Afghanistan herrschte Krieg. Man ließ uns erst gar nicht einreisen. Also fuhren wir nach Pakistan, wo noch unsere Kisten standen. Kaum in Pakistan, bekam Gerd wieder Malaria. Wir mußten ein paar Wochen warten, bis er sich erholte. Ich hatte Zeit, Bekannte zu besuchen und mir das Indus-Projekt anzusehen, das langsam wuchs. Sehr langsam, was auch nicht verwunderlich war, wenn man sah, wie die Gräben für die Grundmauern des Kraftwerks ausgehoben wurden: von Frauen in langen Gewändern, die jede Schaufel Erde in kleinen Körben auf dem Kopf davontrugen.

Dann kamen wir nach Indien. Dort unternahmen wir zwei ganz besondere Touren: eine nach Kaschmir und eine nach Hunza.

Um nach Kaschmir zu kommen, mußte man auf einer Gebirgsstraße den Himalaya überqueren. Auf der Fahrt hatten wir eine bezaubernde Aussicht auf den Mont Everest im Morgenlicht. Auf der steilen Straße lag Schnee. Da kam uns auf einmal ein indischer Armeekraftwagen auf der falschen Straßenseite entgegen. Wegen des Schnees konnte Gerd nicht bremsen. Wir stießen zusammen. Unser Wagen war vorn eingedrückt, aber wir konnten weiterfahren.

Ich hatte ein blaues Auge, weil ich beim Aufprall gegen die Windschutzscheibe geflogen war. Außerdem verlor ich bei dieser Gelegenheit eine Halskette aus Elfenbein. Sonst war nichts passiert.

Als wir in Kaschmir eintrafen, wurde unser Landrover dort ganz fabelhaft wieder ausgebeult. Die Kaschmiri sind Künstler in allen Handarbeiten. Sie stellen die herrlichsten Schnitzereien, fantastische Webereien, Stickereien, Malereien her, sie haben unglaublich geschickte Hände. An unserem Wagen war auch nicht der kleinste Kratzer mehr zu sehen.

Während der Reparaturzeit mieteten wir ein Hausboot. Ich weiß noch genau, wie es aussah. Es war fast nur mit Teppichen eingerichtet. Teppiche zum Sitzen, auf dem Tisch, an den Wänden, auf den Bänken zum Schlafen. Und auf den Teppichen Berge von weichen seidenen Kissen.

Das sah sehr hübsch aus. Und es war wundervoll erholsam, eine Woche auf so einem Hausboot Ferien zu machen, sich auszuruhen. Die Fahrt im Landrover, mit einem kleinen Jungen, dem ich jeden Tag Schulunterricht gab – das war bei aller Ungebundenheit schon auch etwas anstrengend.

In Kaschmir hatte man uns auf das Grab von Jesus neugierig gemacht, das sich angeblich etwas außerhalb der Stadt Srinagar befinden sollte. Wir besichtigten es, waren aber von seiner Echtheit keineswegs überzeugt. Es gibt ja mehrere Theorien und auch angebliche Beweise, die besagen, daß Jesus dort gewesen ist und nach seinem Tod in Jerusalem, der nach dieser Auffassung nur ein Scheintod war, dorthin zurückkehrte.

Ein steiniges Hochgebirgsterrain nördlich von Kaschmir hatte uns unwiderstehlich angezogen: Hunza. Auf 8000 Quadratkilometern leben dort etwa 10 000 Menschen, die aufgrund ihrer Lebensweise angeblich sehr alt werden: hundertzwanzig Jahre und älter. Ein «glücklich-heiteres Völkchen» mit eigener Sprache und Kultur, so hatten wir gelesen.

Um dorthin zu kommen, mußte man zuerst bis Gilgit fahren, eine kleine Stadt an der alten Karawanenstraße nach China. Von Gilgit an ist dann alles ungewiß. Eine einzige Straße führt ins Hunza-Land – das Wort «Straße» ist allerdings eine starke Übertreibung. Und «Weg» klingt viel zu harmlos. «Todespiste» trifft den Sachverhalt eher.

Wie man sie auch nennt, diese Straße dürfen nur Hunzakuts befahren, Einwohner von Hunza. Für jeden anderen ist sie verboten.

Wir fanden einen kleinen offenen Armeejeep, der hinauffuhr und noch drei Plätze für uns frei hatte. Der Fahrer, Jeff, ich und Gerd saßen in dieser Reihenfolge vorn. Hinten war der Jeep beladen mit Riesensäcken Weizen und Hafer, und obendrauf saßen weitere Fahrgäste: sechs Hunzakuts.

Die Straße war genauso breit wie der Jeep und sehr steil. Sie führte an einer Bergwand entlang, links die Wand, rechts der Abgrund zum Hunzafluß hinunter. Haarnadelkurven, die so eng waren, daß nicht einmal der kleine Jeep es schaffte, mit dem ersten Radeinschlag herumzukommen. Das Fahrzeug selbst war auch nicht gerade in guter Verfassung. Es schien aus den Überresten anderer Jeeps zusammengestückelt worden zu sein, die vermutlich Expeditionen zurückgelassen hatten.

Kurz nach dem Beginn unserer Fahrt machte der Fahrer an einem kleinen Tempel halt, betete dort ein paar Minuten und warf ein Geldstück in eine Schale. Das tat er, wie er uns mitteilte, damit wir nicht von der Straße in den Fluß fielen.

Als ich ihn offenbar etwas merkwürdig anguckte, fügte er hinzu, das passiere öfter. Neulich sei ein kleiner Bus runtergefallen, dreißig Tote. Da gab ich ihm auch noch eine Münze, damit er sie auf den Teller legte.

Ich muß ganz ehrlich sagen, zu dieser Zeit hatte ich mich noch nicht mit meinem eigenen Tod vertraut gemacht. Ich wollte noch dringend am Leben bleiben. Das ist heute anders. Aber damals war der Gedanke, von der Erde zu verschwinden, für mich noch nicht selbstverständlich oder gar tröstlich. Außerdem dachte ich an Jeffrey und an Irene, die ich doch wiedersehen wollte.

Jedenfalls setzten wir unsere Fahrt fort, und entgegen allen Erwartungen ging auch alles gut. Einmal erreichten wir eine Stelle, wo die Straße kaputt war. Ein paar Hunzakuts waren damit beschäftigt, sie zu reparieren. Wir mußten warten, bis sie fertig waren. Dann konnten wir weiterfahren.

Schließlich erreichten wir das erste Dorf von Hunza. In diesem Dorf hatte unser Fahrer viele Verwandte und Bekannte, die ihn fröhlich begrüßten. Er wurde eingeladen, etwas zu trinken. Ich fragte ihn, was er da trank. Er trank Hunzapani. Pani heißt Wasser, aber Hunzapani ist nicht Wasser, sondern Wein, von dem unser Fahrer sich ausgiebig bediente.

Ein paar Mitreisende stiegen aus, ein paar Säcke wurden abgeladen. Das wiederholte sich noch zweimal, dann waren der Fahrer und wir allein. Er war sichtlich angeheitert und sang. Die Straße hatte sich dabei in keiner Weise verändert. Sie war immer noch genauso steil und kurvig. Mir wurde immer mulmiger.

Zum Glück kamen wir aber gesund in Baltit, der Hauptstadt an, die auf einer Höhe von dreieinhalbtausend Metern lag. Es gab auch ein Gasthaus, in dem wir uns einmieten konnten – ein ganz primitives Haus, aber mit unglaublich schöner Aussicht. Man kann sich diese Schönheit überhaupt nicht vorstellen. Vor uns das Panorama der ganzen schneebedeckten Himalayakette. Wenn frühmorgens die Sonne aufging, war das ein unbeschreibliches Naturschauspiel.

Wir waren kaum angekommen, als ein Bote des Mir bei uns erschien. Der Mir von Hunza ist sozusagen der König des Landes. Politisch gehört Hunza zu Pakistan, die Verwaltung ist jedoch autonom.

Sein Bote richtete uns aus, daß wir am nächsten Tag zum Essen kommen sollten. Darüber freuten wir uns sehr. Wir waren Wildfremde und gerade angekommen, und der Mir lud uns ein! Wir machten uns fein und gingen hin.

Der Mir wohnte in einem hübschen Holzchalet, aber nicht gerade in einem Palast. Seine Residenz war, was wir ein schönes Holzhaus nennen würden, mit vielen herrlichen Schnitzereien an der Fassade. Wir gingen hinein,

In Hunza. Alle Hunzakuts tragen die gleichen Mützen. In der Mitte Sultan Ali, Vetter des Mir, Postleiter, Schuldirektor und Touristenführer.

und da saß er mit seiner Rani, der Königin. Sie hatte ganz helle Haut und war bildhübsch. Mit ihr hatte er sieben Kinder, wie er uns gleich erzählte. Ihn selbst schätzten wir auf ca. fünfzig, womit er in Hunza als junger Mann galt.

Das erste, was er uns fragte, war, wie wir hier heraufgekommen seien. Na, mit dem Jeep, sagten wir. Aber er meinte etwas anderes. Es sei doch verboten, es kämen doch schon lange keine Touristen mehr.

Der Hintergrund seiner Frage war folgender: Hunza liegt an der tibetischen Grenze, und zu jener Zeit waren die Chinesen in Tibet einmarschiert. Sie hatten den Zugang zu dem Grenzland dichtgemacht. Kein Mensch durfte hinein oder heraus.

Wir hatten uns für die Reise ein Permit in Karachi besorgt. Das, meinte er, hätten wir bestimmt nur irrtümlich bekommen. Er war glücklich, uns zu sehen. Schon ewig hatte er niemanden mehr getroffen, mit dem er sich unterhalten konnte. Er sprach perfekt Englisch, fuhr häufig nach Europa an die Côte d'Azur, war ein Freund des Fürsten Rainier von Monaco und vermißte es sehr, nette Gesellschaft zu haben.

Der zweite Teil unserer Unterhaltung drehte sich um eine ganz konkrete Frage: ob wir etwas von Kerosin-Eisschränken verstünden? Gerd sagte: «Ja, zufällig verstehen wir etwas davon.» Wir hatten so ein Ding in unserem Inselhaus in Pakistan in Betrieb.

Der Mir berichtete, daß er gerade einen neuen bekommen habe. Den hatten einige Hunzakuts abwechselnd auf dem Rücken hier heraufgetragen, und jetzt konnte ihn niemand zum Laufen bringen.

Daraufhin begab sich Gerd in die Küche und tat, was wir immer getan hatten, wenn unser Eisschrank gestreikt hatte: er stellte ihn auf den Kopf. Über Nacht, erklärte Gerd, solle er so stehenbleiben. Morgen kämen wir wieder, und da würde er dann wohl funktionieren.

Wir kamen am nächsten Vormittag wieder, Gerd drehte den Eisschrank um, und er funktionierte tatsächlich. Von da an waren wir natürlich beim Mir sehr hoch angesehen. Er fragte Gerd, ob er nicht dableiben wolle, um Elektrizität in das Land zu legen. Das entsprach aber nicht unserem Plan. Wir machten dem Mir begreiflich, daß wir seinen Vorschlag ablehnen müßten. Aber die Einladung zum Mittagessen nahmen wir selbstverständlich sehr gern an.

Wir saßen mit dem Mir, der Rani und zwei ihrer Töchter zu Tisch. Vor jedem stand ein kleines Glasschälchen mit Rosenblättern darin. Jeffrey musterte sein Schälchen, hob es hoch und trank es aus. Ich flüsterte ihm zu: «Das ist nicht zum Trinken, Jeff, sondern zum Fingerwaschen!» So machte er ausgerechnet in Hunza mit den feinen Tischsitten Bekanntschaft.

Ich bewunderte das herrliche Silberbesteck mit Krone und Monogramm. Ob das alter Familienbesitz sei, fragte ich den Mir. Nein, sagte er, das habe er erst vor kurzem machen lassen. Bis vor kurzer Zeit hätten hier noch alle mit den Fingern gegessen.

An dieses Mittagessen erinnere ich mich in allen Einzelheiten. Es gab vierzehn Gänge: zuerst Rehrücken, dann Fisch, dann Huhn, dann Gans und dann noch einige Sachen, die ich nicht identifizieren konnte. Alles schmeckte herrlich, und hinter jedem Stuhl stand ein Diener, der uns bediente.

Ich erkundigte mich, wo der Mir hier oben all die Köstlichkeiten herbekäme. Die brächten ihm die Einwohner von Hunza, sagte er. Statt Steuern lieferten sie einen Anteil von dem, was auf ihren Äckern und in ihren Ställen heranwuchs, bei ihm ab. Außerdem beziehe er auch ein staatliches Gehalt aus Pakistan. Dafür sammelte er Weizen und Hafer in Scheunen für die Saaten im nächsten Jahr und für Hungersnöte, was Allah verhindern möge.

Der Mir von Hunza war ein Gefolgsmann des Aga Khan, des religiösen Führers einer Muslim-Sekte. Er war sein Repräsentant in allen religiösen Fragen.

Der eigentliche Grund, warum wir nach Hunza gefahren waren, galt jedoch der dortigen Langlebigkeit. Wir wollten wissen, wie die Menschen lebten, um ein so hohes Alter zu erreichen und gesund zu bleiben. Wir interessierten uns vor allem für ihre Ernährung. Das war ja schon Gegenstand unserer Studien auf der Ranch in Mexiko gewesen.

Es stellte sich heraus, daß vor allem zwei Faktoren für die Langlebigkeit und Gesundheit der Bevölkerung verantwortlich waren. Erstens wohl der Umstand, daß sie dreieinhalbtausend Meter hoch in dünner Luft lebten und tief durchatmen mußten, wenn sie auf ihren steinigen Pfaden unterwegs waren. Ganz Hunza ist Fußgängerzone, bis auf den einmal wöchentlich durchkommenden Jeep. Faktor zwei war, daß dort oben besonders gute Aprikosen wuchsen. Die Menschen trockneten sie und aßen sie das ganze Jahr über. Aus den Kernen gewannen sie ein Aprikosenöl, welches sie zum Kochen, zum Einreiben ihrer Haare und als Brotaufstrich verwendeten.

Ansonsten war ihre Ernährung ziemlich einseitig. Fleisch konnten sie sich fast gar nicht leisten. Sie aßen Weizen oder Reis und wenig Gemüse. Ohne Aprikosen wäre die Vitamin- und Mineralienversorgung sicherlich zu kurz gekommen. Vielleicht rührte die zähe Konstitution der Bewohner auch von dem Wasser her, das sie tranken. Über unsere eigenen Erfahrungen mit diesem Wasser will ich noch berichten.

Einmal im Monat begab sich der Mir in eine Halle, die nach allen Seiten offen war, geschützt von einem schönen Dach, das auf wundervoll geschnitzten Säulen ruhte. Dort sprach er Recht. Jeder, der sich über irgendetwas zu beschweren hatte, konnte kommen, und der Mir entschied die Streitfälle. Sein Wort war Gesetz und wurde anstandslos befolgt. Wir haben einmal einer solchen Gerichtsverhandlung beigewohnt. Genauso mußte es sich vor vielen hundert Jahren auch abgespielt haben.

Der Mir sagte uns, daß sich die meisten Zwistigkeiten um die Bewässerung der handtuchgroßen Felder drehten, die an den steilen Abhängen lagen. Das Gletscherwasser wurde in kleine Kanäle geleitet, und jeder Bauer konnte es im Turnus in seine Felder fließen lassen. Ständig wurde behauptet, daß jemand zu viel Wasser zu lange für sich genützt habe, anstatt die vorgeschriebene Zeit einzuhalten.

Es bürgerte sich ein, daß wir beim Mir aßen, daß Gerd nach dem Kerosineisschrank sah und Jeff mit den beiden kleinen Töchtern spielte. Eines Tages wurde Jeff krank. Diesmal war es wirklich etwas Ernstes. Er vertrug wohl das Wasser nicht, das von den Gletschern kam, viele Mineralien enthielt und ganz milchig war, wenn es in den Sammelbecken ankam. Es wurde von den Einheimischen auch «Gletschermilch» genannt.

Jeff hatte hohes Fieber, konnte nichts mehr essen, nichts mehr trinken, es ging ihm furchtbar schlecht. Wir mußten so schnell wie möglich zurück zu einem Arzt. Hier oben gab es aber keinen.

Als wir uns vom Mir und seiner Familie verabschiedeten, händigte er uns eine goldene Rolex-Uhr aus. Sie gehe, sagte er, jeden Tag eine halbe Minute nach. Wir sollten sie bitte bei der Firma Rolex in der Schweiz abgeben, sie richten lassen und dann dem Aga Khan nach Gstaad bringen. Der werde sie ihm bei Gelegenheit zurückgeben.

Wir wollten nicht nein sagen, nahmen das wertvolle Ding mit und versteckten es in unserem Werkzeugkasten. Wir waren ja eigentlich nicht auf den Transport von solchen Wertobjekten eingerichtet.

Als versiegeltes Wertpaket haben wir die Uhr dann später samt Begleitbrief an Rolex geschickt. Sie ist dort auch angekommen. Auf welchem Weg der Mir sie zurückerhalten hat, weiß ich nicht. Ich weiß nicht einmal, ob er noch lebt. Wenn er das Alter der Hunzakuts erreicht, ist dies durchaus möglich.

Als letzten Beweis seiner Freundlichkeit stellte uns der Mir seinen Jeep mit seinem persönlichen Fahrer zur Verfügung, um uns zurück nach Gilgit zu kutschieren. Der fuhr natürlich sehr gut, es waren auch keine Säcke aufgeladen und keine Hunzakuts. Auch trank er kein Hunzapani, so daß die Strecke kein Problem für ihn war. Die Rückfahrt verlief also wesentlich angenehmer als unsere Hinfahrt. Ich war nur sehr nervös, weil der Junge so krank war. Jeff gab keinen Laut mehr von sich.

Unten in Gilgit nahmen wir ein Flugzeug nach Lahore. Dorthin hatten wir ein Telegramm an einen Elektroingenieur, der mit Gerd am Indus zusammengearbeitet hatte, geschickt. Wir teilten ihm mit, daß wir sofort eine Wohnung und einen Arzt bräuchten.

Als wir ankamen, war beides in die Wege geleitet. Es stellte sich heraus, daß Jeff eine Leberinfektion hatte. Ein paar Tage später erlitt Gerd einen Malaria-Rückfall. Immer, wenn wir in Pakistan waren, wurde er von dieser Krankheit heimgesucht, woanders nie.

Ich legte die beiden in zwei verschiedene Zimmer, damit sie sich nicht noch gegenseitig ansteckten, und pflegte sie. Nach ungefähr zwei Wochen waren sie wieder einigermaßen auf den Beinen.

Ich bin auf unseren Reisen nie krank geworden. Ich hatte gar keine Zeit dazu, ich war viel zu sehr damit beschäftigt, uns alle drei am Leben zu halten.

In Lahore stand unser Wohnmobil. Die Stadt liegt an der Grenze zwischen Pakistan und Indien, dort sind wir über die Grenze gefahren.

Das erste, was wir in Indien sahen, war der große goldene Tempel der Sikhs in Amritsar, mitten in einem See. Ein phantastischer Anblick, bei dem man vergessen konnte, daß hier ein gefährliches Unruhegebiet war. Wir besuchten den Tempel und lauschten den Gesängen. Die Sikhs sind eine hinduistische Sekte und im allgemeinen friedfertig. Daß zwei Sikhs die Tochter Nehrus, Indira Gandhi, umgebracht haben, ist mir unverständlich.

Wir fuhren nach Neu Delhi und nach Jaipur, nach Amedhabad, wo sich Höhlen mit etwa tausend Jahre alten buddhistischen Malereien befinden. Wir waren in Bombay, wo wir uns im Hilton Hotel erst einmal abkühlten. Man konnte als Ausländer alle Hotels betreten, sich einfach in die Halle mit Klimaanlage setzen und sich erfrischen.

In Bangalore wurden wir von einem Magistratsbeamten in sein Haus eingeladen. Ich wollte so gerne endlich einmal baden. Er führte mich ins Badezimmer, wo eine Riesentonne mit heißem Wasser stand. Ich stieg hinein und hätte mich beinahe verbrüht. Es war ganz falsch, wie ich die Sache angefangen hatte: man seift sich ein, nimmt eine Schöpfkelle und überschüttet sich, vor der Tonne stehend, mit dem heißen Wasser. Es handelt sich also mehr um eine Art Dusche.

Im Süden Indiens kamen wir nach Tiruvannamalei in der Nähe von Madras. Der Ort ist berühmt, weil dort einer der großen erleuchteten Weisen Indiens gelebt hat, ein Rishi namens Ramana Maharshi.

Er ist in den fünfziger Jahren gestorben, wir haben ihn also nicht mehr persönlich angetroffen. Wir gingen aber zu seinem Ashram und erfuhren von einem Engländer, Arthur Osborn, der fünfundzwanzig Jahre mit ihm gelebt hatte, einiges über ihn und seine Lehre.

Ein Ashram ist ein Platz, an dem die Menschen, welche die Lehre eines Weisen in sich aufnehmen wollen, zusammen wohnen, essen, unterrichtet werden, lesen und studieren.

Ramana Maharshi hatte immer wieder betont, daß die Voraussetzung dafür, zur Erleuchtung zu gelangen, darin besteht, die Ich-Illusion loszuwerden. Man solle untersuchen: «Wer bin ich?»

Für Gerd war das, was hier vermittelt wurde, sehr wichtig. Er fährt noch heute jedes Jahr in diesen Ashram.

Für mich war es anders. Ich war zu der Zeit nicht in der Lage zu untersuchen, wer ich war. Ich wußte keinen Weg, wie man das bewerkstelligen sollte. Und Anweisungen hatte Ramana Maharshi auch nicht gegeben.

Wir haben in dem Ashram gewohnt und auch gegessen, von großen Bananenblättern, welche als Teller dienten, und mit den Händen. Letzteres gefiel Jeff besonders gut.

Ich dachte, das ist alles wunderbar, und sicher ist Ramana Maharshi ein großer und weiser Mann. Aber ich wußte nicht, wie ich seine Weisheit für mich verwenden sollte.

Ich sehnte mich nach konkreten Anweisungen, nach einem klaren Handlungsgerüst.

Aber auf einmal hatte ich das Gefühl, daß ich nahe am Ziel meiner Sehnsucht war, am Anfang meines spirituellen Wegs.

Gerade wie ein tiefer See
Kristallklar ist und ungetrübt,
So werden auch die Weisen klar,
Wenn sie vernehmen das Gesetz.

Dhammapada, Vers 82

Der Beginn meines eigenen Weges

Vom Ashram des Ramana Maharshi fuhren wir weiter in die Stadt Pondicherry, welche früher eine französische Kolonie gewesen war. Dort lag der Sri Aurobindo Ashram. Wir hatten von Sri Aurobindo, einem großen Weisen, der hier gelebt hatte, gehört. Er war zu der Zeit, als wir ankamen, schon tot. Eine Frau leitete den Ashram, eine Französin, die seine Gefährtin gewesen war und von allen «Mutter» genannt wurde.

Der Aurobindo-Ashram war riesengroß, fast so groß wie die ganze Stadt. Überall gab es Häuser, in denen irgendwelche Dinge stattfanden, die der Verbreitung der Lehre von Sri Aurobindo dienten. Wir mieteten uns dort ein Zimmer.

Die Mutter wurde von den Indern als heilig angesehen – was übrigens in Indien nicht so schwierig ist. Die Menschen haben ein großes Bedürfnis, Heilige zu verehren. Davon abgesehen war die Mutter aber bestimmt eine ganz besondere Persönlichkeit.

Zwischen ihr und Jeffrey entstand so etwas wie eine Freundschaft. Er ging sie jeden Tag besuchen, was für ihn ganz ungewöhnlich war. Sie selbst lebte recht zurückgezogen. Besucher mußten sich anmelden. Aber er kletterte jeden Tag die Treppe zu ihr hinauf und unterhielt sich mit ihr.

Es hat ihr wohl Spaß gemacht. Sie hatte selber Kinder. Einer ihrer Söhne war Architekt und hatte einige der Gebäude des Ashram entworfen.

Ich empfand die Lehren von Sri Aurobindo als viel zu kompliziert. Was die Mutter lehrte, war hingegen ganz einfach und ganz geradeaus. Das sprach mich an. Sie lehrte auch Meditation.

Es gab dort eine sehr interessante Schule, die uns sogar auf die Idee brachte, Jeffrey hinzuschicken. Eine Schule, in der spirituelle Dinge gelehrt wurden. Aber Jeffrey wollte nicht hingehen, er wollte nicht von seinen Eltern getrennt sein.

Diese Schule hatte einen großen Schulhof. Dort versammelten wir uns abends unterm Sternenhimmel. Tagsüber herrschte eine Hitze, die kaum auszuhalten war. Es war April, der heißeste Monat. Aber abends war es herrlich, kühl und sternenklar. Über den Lautsprecher gab die Mutter Meditationsanweisungen, die ich befolgte. Ich empfand sofort, daß dies genau das Richtige für mich war. Die Anweisungen waren denen ganz ähnlich, die der Buddha gegeben hatte.

Von diesem Moment an meditierte ich. Das ist jetzt 34 Jahre her. Ich hatte sofort die Empfindung: Das ist der Weg, den ich gesucht habe. Jetzt konnte ich nach innen gehen.

Die Mutter gab sehr gute, realistische, klare, deutliche und einfache Anweisungen, wie man harmonisch leben kann. Später sollte sie noch ein internationales Dorf gründen, Auroville, wo aus der ganzen Welt Menschen zusammenkommen, die den spirituellen Weg gehen wollen.

Ich kann nur mit großer Dankbarkeit an die Mutter zurückdenken. Wir haben ein paar Monate bei ihr zugebracht. Das war für mich der Zugang zum Weg des spirituellen Wachstums, denn die klaren Anweisungen und einfachen Worte, die sie benutzte, zeigten mir, was zu tun war.

Nicht daß Ramaṇa Maharshi unklare Worte benützt hätte (er hat ja nie etwas geschrieben; was er sagte, wurde erst später aufgezeichnet); aber er sprach von einer Warte der Erleuchtung aus, und das war mir einen Schritt zu weit, eine Nummer zu groß. Die Mutter dagegen sprach von den Dingen, die uns täglich berühren.

Nach unserem Aufenthalt im Sri Aurobindo Ashram fuhren wir noch weiter in Indien herum. Zwei Erlebnisse sind mir besonders stark in Erinnerung geblieben.

Wir waren in Kalkutta. Dort hatten wir unser Wohnmobil im Hof des Automobilclubs abgestellt, um zu übernachten. Da war ein Mann, der auf der Straße saß und Orangen verkaufte, direkt an der Ecke. Ich sagte zu Jeff, hier hast du fünf Rupien, geh und hol einen Sack voll Orangen. Der Junge ging und kam nicht wieder.

Es wurde später und später, wir liefen beide los, Gerd und ich, um ihn zu suchen. Vielleicht hatte Jeff mich falsch verstanden und war zum Markt gegangen. Es fing an, dunkel zu werden. Es war wie eine Wiederholung der Alptraumsituation in Iquitos.

Das Schlimme in Kalkutta war noch dazu die Angst, daß kleine Kinder gekidnappt werden könnten, um dann, sehr oft verstümmelt, zu Bettlern ausgebildet zu werden und in

Bettlerfamilien zu leben. Darüber kursierten Gerüchte, von denen ich nicht weiß, ob sie wahr waren. Jedenfalls war die Angst fürchterlich.

Als wir ihn nicht finden konnten, gingen wir zurück zum Automobilclub und meldeten, daß der Junge verlorengegangen war. Sie mobilisierten dort sofort alle ihre Motorradfahrer, die gerade losfahren wollten, um die Stadt zu durchkämmen, als Jeff ganz gemütlich um die Ecke kam, einen Sack Orangen in der Hand.

Wir stürzten uns auf ihn. Um Himmels willen, wo warst du denn? Darauf erzählte uns Jeff folgende Geschichte: Als er die Orangen kaufte, da kam ein Mann mit einer Kuh vorbei. Diese Kuh melkte er auf der Straße, klingelte dann am nächsten Haustor und verkaufte der Hausfrau die frisch gemolkene Milch in einem Becher. Sie goß die Milch im Haus aus und brachte den Becher zurück.

Und Jeff hatte sich daneben gestellt und zugeschaut. Nach einer Weile fragte er den Mann, ob er ihm vielleicht helfen könne. Ja natürlich, sagte der Mann.

Jeff ging mit dem Mann und der Kuh von Haus zu Haus. Erst durfte er die Kuh festhalten, dann durfte er auch mal melken, dann durfte er der Frau den Becher reichen – und daß da inzwischen vier Stunden vergangen waren, merkte er gar nicht.

Bei dieser Gelegenheit entschloß ich mich, diesen Zwang zum ständigen Mitdenken mit dem Kind und die Angst um sein Leben auf irgendeine Art und Weise loszuwerden. Weil man damit seines Lebens nicht froh werden konnte. Jede Mutter, ob von einem kleinen Kind oder von großen Kindern, kennt das. Man ist in ständiger Sorge.

Ich wollte diese Fessel lösen. Die Meditation, fühlte ich, war ein Weg dazu. Ich wußte, daß diese Loslösung natür-

Jeffrey und ich beim Mittagessen in Singapur. Straßenhändler verkaufen billiges und gutes Essen.

lich nicht sofort zu schaffen war. Aber eines Tages würde ich dazu in der Lage sein. Damit man mich nicht falsch versteht: Ich liebte und liebe meine Kinder. Aber mein Anhaften und meine Angst können meine Liebe nur negativ beeinflussen.

Sie gehören mir nicht, sie gehören sich selbst. Ich bin nicht ihre Hüterin, so wenig, wie sie meine Hüter sind. Wir sind miteinander verbunden, aber nicht aneinander gebunden – das ist ein großer Unterschied.

Die Erlebnisse auf unserer ausgedehnten Reise haben mir sehr geholfen, auch eine innere Reise anzutreten. Wenn ich die Reise mit Jeff und Gerd nicht gemacht hätte, wäre es mir sehr viel schwerer gefallen, über mich selbst Klarheit zu erhalten.

Ich wäre in unserem schönen Häuschen in San Diego geblieben, wäre meinen täglichen Pflichten nachgegangen, und vermutlich hätte sich zwischen meinem 35. und meinem 70. Lebensjahr nichts Wesentliches geändert. Ich wäre nie an meine Grenzen gestoßen und darüber hinaus gelangt.

Das zweite Erlebnis, das ich in meiner Erinnerung mit Indien verknüpfe, war eine Begegnung in einem Park, wo wir angehalten hatten, um die Nacht zu verbringen. Ich saß vor unserem Wagen und schaute ein bißchen in die Weite, und da sah ich einen weißgekleideten Swami, einen indischen Hindu-Mönch. Er hatte am Hinterkopf ein schwarzes Zöpfchen. Ich sah ihm nach und sagte zu Gerd: «Weißt du was, das ist ein Europäer!» Europäer gehen ganz anders als Inder, und sie haben auch einen anderen Körperbau. Ich sagte: «Geh doch hin und lade ihn zu einer Tasse Tee ein.» Gerd ging ihm nach und lud ihn ein.

Er war Australier und hieß mit seinem Swami-Namen Narikutti. Er kam gern mit uns in unser Wohnmobil. Darin konnten wir ja auch Tee servieren, wir hatten einen kleinen Kocher.

Narikutti begleitete uns ein Stück auf unserer Reise. Er erklärte uns die hinduistische Mythologie anhand von Tempeln, die wir besuchten und auf denen die vielen Götterfiguren aufgemalt oder als Skulpturen zu finden waren. Es gab herrliche Tempel im Süden Indiens, wo auch sehr häufig ein Tempelelefant wohnte. Wir erfuhren die Namen und die Bedeutung von Göttern wie Shiva, Ganesh und Hanuman, aber ich muß ganz ehrlich sagen, der Götterkult war nicht mein Weg. Ich fand die Geschichten interessant, und sie öffneten mir auch einen Zugang zur hinduistischen Denkweise, mehr nicht.

Narikutti kam mit uns noch bis Sri Lanka. Dann ging er zurück und verbrachte den Rest seines Lebens in einer ausgebauten Höhle auf dem Berg Arunachala neben Ramana Maharshis Ashram. Er ist nun schon lange tot, obwohl er nur drei oder vier Jahre älter war als ich.

Wir haben danach noch ein paar Jahre mit ihm korrespondiert. Ich möchte ihn auch als einen unserer Lehrer bezeichnen. Es gab drei Menschen, denen wir viel verdanken, weil sie uns den Anfang unseres Wegs ermöglicht haben: Ramana Maharshi, die Mutter und Narikutti.

In Indien hielten wir uns ungefähr ein Jahr auf. Es gab dort zu der Zeit, in den 60er Jahren, sehr wenige ausländische Touristen, und wenn man jemanden traf, freundete man sich gleich an. Einigen von ihnen konnten wir praktischen Beistand leisten, weil wir Medikamente bei uns hatten.

Von Indien aus fuhren wir mit einer Fähre nach Sri Lanka und bereisten dort das ganze Land. Wir empfanden es als ein Paradies, vollkommen friedlich, überall lächelten uns die Menschen freundlich an, schenkten uns Kokosnüsse und Bananen, und im Meer konnten wir baden und die herrlichsten bunten Fische beobachten.

Dort kam es zu unseren ersten Kontakten mit dem Buddhismus. Später sollte ich in Sri Lanka ein Frauenkloster gründen, aber bis dahin war es noch ein langer Weg.

Damals fuhren wir von dort mit einem Schiff nach Thailand. Immer näher zum Buddhismus, so erscheint es mir im Nachhinein.

Zunächst einmal war es vor allem Bewunderung, was wir in Bangkok und anderen thailändischen Städten empfanden. Der Anblick der friedvollen Buddha-Statuen, der goldenen Verzierungen, des Smaragd-Buddhas, der aus einem einzigen großen Edelstein geformt ist, war einfach überwältigend.

Wunderschöne Tempelanlagen – wir kamen aus dem Schauen gar nicht mehr heraus. Wir lernten einige thailändische Mönche kennen, die Englisch sprachen und die wir nach ihrer Religion ausfragen konnten. Sie erklärten uns mehr oder weniger die Rituale und nicht das, worauf es mir vor allem ankam: die einfache Lebenspraxis.

Von Thailand aus führte uns der Weg nach Kambodscha. Wir liehen uns Fahrräder und durchreisten damit Angkor Wat, wo wir die großartigen Tempelstätten besuchten, die einst vom Khmer-Volk erbaut worden waren und von Archäologen zufällig wiedergefunden wurden.

Als wir in den Tempelanlagen umhergingen, waren wir fast allein. Die Stille und Heiligkeit des Ortes mit den zahlreichen Buddha-Köpfen, den steinernen Skulpturen göttlicher Tänzerinnen und Devas – Devas sind höhere Wesen, die man Engel nennen könnte – beeindruckten uns ungeheuer.

Bis zu ihrer Wiederentdeckung waren die Bauten und Figuren vollständig vom Dschungel überwachsen gewesen. Feigenbäume hatten mit ihren Wurzeln jeden Spalt durchdrungen. An einigen Stellen hat man den Dschungel und die Bauten so gelassen, wie sie vorgefunden wurden. Blätterdickicht und verschlungenes Ast- und Wurzelwerk, darunter der uralte Stein und über allem diese große Stille.

Aus Pnom Penh, der Hauptstadt, nahmen wir eine andere Erinnerung mit. Dort gab es einen Vogelmarkt, wo aus Käfigen heraus Vögel an Leute verkauft wurden, die sie dann sofort freiließen, um gutes Karma zu machen. Gleich danach haben die Vogelhändler die Vögel wieder eingefangen und erneut angeboten. Wir fanden das recht seltsam, und Jeff hat geweint.

Das nächste Ziel war Vietnam. Auf den ersten Blick erschien Saigon sehr schön und noch unberührt von dem Krieg, der weiter im Süden bereits heftig entbrannt war. Nur die vielen ausländischen Journalisten, die in den Hotels herumsaßen, erinnerten daran. Ganz gemütlich war es also nicht mehr.

Wir zogen es vor, auf ein Schiff zu gehen und unser Ziel, Singapur, anzusteuern. Dort verkauften wir unseren braven Landrover und buchten die Weiterreise auf einem Frachter, der uns nach Freemantle bringen sollte.

Es war ein dänischer Frachter, auf dem eigentlich nur Platz für zwölf Passagiere war. Aber Jeff durfte als dreizehnter mit an Bord. Er bekam eine eigene Kabine, was er wunderbar fand. Wir hatten die Kabine des Reeders, die aus Wohn- und Schlafzimmer und einem Badezimmer bestand. Der Schiffskoch lieferte sogar vegetarisches Essen – und das auf einem Frachter, der tiefgefrorenes Fleisch transportierte.

Wir hielten überall unterwegs an, auch in Indonesien und Timor. Wir konnten an Land gehen und uns die Gegend anschauen. In Darwin, der nördlichsten Stadt Australiens, hatten wir eine ganze Woche Aufenthalt. Es war eine sehr gemütliche, langwierige und erholsame Schiffsreise.

Endlich erreichten wir Freemantle. Freemantle ist der Hafen von Perth. Wir stiegen aus. Es war August, und das ist in Australien Winter. Ein bißchen verblüfft standen wir in der Kälte und froren.

Von Perth fuhren wir nach Sydney, suchten und fanden unseren Jeep und unsere Kisten und regelten alles mit den Behörden. Dann brausten wir im Jeep nach Norden, nach Queensland an der Ostküste, wo es uns vor fünf Jahren am besten gefallen hatte.

In der Nähe von Brisbane, der Hauptstadt von Queensland, kauften wir eine Farm. Dort ist das Klima sehr angenehm.

Die Farm hatte etwa 200 australische Acker, das sind nach unseren Maßen 72 Hektar. Das Terrain bestand aus Hügeln, Tälern, Wiesen und einem großen, ursprünglichen Regenwald, in dem wilde Orchideen, Lianen und Palmen wuchsen. Auch ein kleiner Teich zum Schwimmen und Abkühlen gehörte dazu.

Auf dem Grund stand ein Haus mit Elektrizität und Telefon, mit einer vollkommen baufälligen Garage und einer Scheune. Das alles gehörte einer Bank, nachdem die ursprünglichen Inhaber einfach verschwunden waren. Sie waren pleite gegangen. Die Bank wollte von uns 3 000 Pfund; wir boten 2 000 Pfund, was sie liebend gern annahm. Das ist heute etwa soviel wie 4 000 DM – für 75 Hektar Land mit Haus!

Es war ein herrliches Stück Erde mit lauter netten Nachbarn auf den umliegenden Höfen, die uns anfangs sehr geholfen haben. Wir waren ja beide Stadtkinder und kannten uns mit der Landwirtschaft nicht sehr gut aus.

Die Farmer um uns herum betrieben hauptsächlich Milchwirtschaft. Wir überlegten, wie wir die Weiden anders nützen könnten, denn das Gras mußte ja irgendwie von Tieren gefressen werden. Wir wollten aber keine Tiere züchten, die man schlachten mußte. Deshalb fingen wir an, Shetland Ponys zu züchten, denn kein Mensch bringt Shetland Ponys um. Die Jungtiere wollten wir dann an die Eltern von Kindern, die sich ein Pony wünschten, verkaufen.

«Ich hatte eine Farm in Afrika», so fängt ein berühmter Roman von Tanja Blixen an. Gerd und ich hatten eine Farm in Australien.

Mit einem ganz jungen Shetland Pony.

Es war die erste biologische Farm in der Region, wir bauten unser ganzes Essen biologisch an, ohne eine einzige Giftspritze. Das war viel Arbeit. Wir schafften es, soviel für uns selbst anzubauen, daß wir im Jahr nur ungefähr 100 Dollar für Nahrungsmittel ausgeben mußten. Dafür kauften wir dann Reis, Rosinen und braunen Zucker. Häufig konnten wir unseren Überfluß an Obst gegen andere Dinge, die wir brauchten, eintauschen.

Allmählich wurde unsere biologische Farm bekannt, weil Gerd auch einige Artikel darüber schrieb. Es kamen junge Menschen und schauten sich das an.

Gerd war (und ist es noch heute) sehr aktiv. Auf unserem Grund pflanzte er 500 verschiedene Obstbäume, außerdem noch Tannen und Eukalyptusbäume. Insgesamt waren es 20 000 kleine Bäumchen, die uns eines Tages Geld bringen sollten.

Unsere Shetland Ponys waren ganz entzückend. Es gibt nichts hübscheres als ein neugeborenes Shetland Pony, das aussieht wie ein großer Pudel.

Wir hatten auch Reitpferde. Jeffrey ritt am liebsten auf einer braven älteren Stute namens Flicka auf der Farm herum. An sie kann er sich sogar erinnern: er war zu dieser Zeit ungefähr 12 Jahre alt.

Flicka war so gutmütig, daß man mit ihr alles machen konnte. Aber einmal hat sie vor irgend etwas Angst bekommen. Ein Blatt fiel herunter, oder etwas ähnliches passierte. Sie hielt mitten im Galopp an, und Jeff stürzte zu Boden.

Ich stand am Fenster und sah zu. Er blieb auf dem Rükken liegen und rührte sich nicht. In diesem Moment dachte ich, er sei tot. Und im selben Moment fühlte ich in mir die Kraft, Leben und Tod meines Kindes gleichermaßen zu akzeptieren.

Eine Minute später rappelte er sich auf und brüllte. Da wußte ich, er ist am Leben. Er war auf den Rücken geknallt und hatte für einen Moment mit dem Atmen ausgesetzt.

Für mich war das der Auftakt zum Loslassen der Kinder. Zum ersten Mal konnte ich Jeffrey und die in San Diego lebende Irene als Menschen betrachten, die ich liebte, aber die nicht untrennbar zu mir gehörten.

Meiner Liebe zu ihnen hat das keinen Abbruch getan, im Gegenteil. Ich war imstande, sie ohne Angst zu lieben, ganz aus meinem Herzen heraus, ohne daran irgendwelche Verpflichtungen zu knüpfen. Meine Liebe hing nicht davon ab, ob sie lebten; ob sie so lebten, wie ich mir das wünschte; ob sie sich ihrerseits mit mir verbunden fühlten; ob sie mir dankbar waren; ob sie «wohlgeraten» waren oder nicht. Das alles spielte keine Rolle mehr.

Der Buddha hatte einen Sohn, der Rahula hieß, das bedeutet: die Fessel. Er hat ihm diesen Namen gegeben, als er geboren wurde, weil er wußte, daß ein Kind eine Fessel für das Herz ist.

Ich hatte schon zwei andere, ähnliche Erlebnisse mit Jeffrey gehabt, von denen ich erzählt habe: in Iquitos und in Kalkutta. Und nicht zuletzt hatte ich Irene zu Hause zurücklassen müssen, weil sie nicht mit uns auf die Reise gehen wollte. Das ist mir ganz und gar nicht leicht gefallen, es hat mich oft gequält, sie nicht in der Nähe zu haben.

Es hat lange gedauert, bis ich so weit war zu sagen: sie sind da, sie sind meine Kinder, ich liebe sie sehr, aber ich kann auch ihren Tod verkraften. Ohne dieses Loslassen ist es unmöglich, eine reine Liebe zu empfinden. Man kann zwar lieben, aber immer mit der Angst des Verlustes.

Diese Angst loszuwerden war nicht leicht, aber an dem Tag, an dem Flicka Jeff abgeworfen hat, ist es mir gelungen.

Gesundheit höchster Reichtum ist,
Zufriedenheit der schönste Schatz,
Die Zuversicht der beste Freund,
Das Nibbāna allerhöchstes Glück.

Dhammapada, Vers 204

Von der Farm zu den Anfängen des Klosterlebens

Wir hatten auf unserer Farm ein kleines Milchhäuschen unter großen Bäumen, in dem es immer schön kühl war. Darin hoben die Milchviehbesitzer der Gegend die Milch auf, bis sie abgeholt wurde. Früher gab es ja keine Eisschränke.

Unser Milchhäuschen stand leer, weil wir keine Milch produzierten. Wir machten aus ihm einen Tempel – einen Tempel aller Religionen, weil wir uns noch nicht einig waren, welcher wir folgen wollten.

Von unseren vielen Reisen hatten wir aus allen Ländern Souvenirs mitgebracht. Die fanden nun einen Platz in diesem Tempel: von Hindugöttern über Buddhastatuen bis hin zu den religiösen Schnitzereien der Aborigines. Auch die archäologischen Funde kamen teilweise dazu, ebenso auch jüdische Kultgegenstände, Leuchter und Lampen.

Unsere Farm hieß «Shalom», das war ein Gruß an Israel und bedeutete «Frieden». Ein Platz des Friedens sollte sie auch wirklich sein. In unserem kleinen Milchhäuschen meditierten wir jeden Tag.

Es gab enorm viel Arbeit auf der Farm. Ich war ständig beschäftigt, Erde umzugraben, Unkraut zu rupfen, Steine wegzutragen.

Ich hatte sehr oft Angst um unser Leben, ums Überleben. Das schlimmste Erlebnis auf «Shalom» war ein Waldbrand, der eines Tages über die Hügel in unser Tal kam. Nur wer schon einmal Feuer ohne Wasser bekämpft hat, kann sich die Erschöpfung und Angst vorstellen, die einen dabei überfällt. Mehr als hundert Nachbarn kamen zu Hilfe, um unser Haus, unsere Bäume und Tiere zu retten. Die Ziegen und Pferde wurden ins Haus gesperrt, und das Haus bewachte die freiwillige Feuerwehr. Aber die Bäume und die Wiesen wurden durch die Nachbarn mit Spaten, Säcken und viel Bauernwissen gerettet.

Die Frauen brachten Getränke und Brote und kletterten auf die Anhöhen, um sie den Männern zu bringen. Nach sechs Stunden Angst, Ungewißheit, Erschöpfung, Rauchschwaden und erstickender Hitze war dann das Schlimmste vorbei. Wir mußten danach nur noch zwei Tage «Feuerwache» halten, denn in Australiens Hitze entzündet sich heißes Holz leicht wieder.

In Australien ist das Wetter sehr extrem. Wenn es regnet, nennt man es dort einen «storm», einen Sturm. Jeder Regenguß artet auch sofort in einen Sturm aus.

Mindestens einmal im Jahr wird Queensland von Taifunen heimgesucht, die so stark sind, daß sie die Dächer von den Häusern reißen. Unser Dach ist nie heruntergeweht worden, aber ich habe erlebt, daß mit dem Wasser große Baumstämme aus den umliegenden Bergen wie auf einer Brandung durch unseren Garten geschwommen sind.

Diese Stürme haben mich anfangs in Panik versetzt. Ich gewöhnte mich natürlich daran, aber zunächst fühlte ich mich ganz ausgeliefert. Unsere Farm lag ziemlich isoliert, der nächste Nachbar war mehr als einen Kilometer von uns entfernt. Als Stadtkind kannte ich dieses Wüten der Elemente nicht, es jagte mir ganz schön Angst ein.

Auch die vielen giftigen Schlangen, die es in Australien gibt, beunruhigten mich sehr. Es dauerte geraume Zeit, bis ich in der Lage war, sie ganz selbstverständlich als Teil des Lebens auf der Farm zu akzeptieren.

Manchmal dachte ich an das Haus in San Diego, an mein Dasein als Hausfrau, an dieses ganz normale Leben. Ich hatte nie den Wunsch, wieder dort zu sein. Aber unsere Reisen, auf denen wir uns ohne Schutz der Fremde, dem Unbekannten, der Gefahr ausgeliefert hatten, forderten von mir schon eine große Anpassungsfähigkeit. Jetzt, aus der Erinnerung, kann ich auch zugeben, daß ich dabei viel Angst ausstehen mußte. Aber ich habe immer schon daran geglaubt, daß man Ängste nur überwinden kann, wenn man zum Trotz genau das tut, was die Angst auslöst. Andernfalls lernt man ja nie seine eigenen Kräfte kennen, die auf der geistigen Ebene unbegrenzt sind.

Ich habe gelernt, Sicherheit in mir selbst zu finden, egal, wo ich bin. Und ich habe gelernt, daß die Menschen, wie sie auch aussehen und was sie auch für eine Sprache sprechen, überall gleich sind. Jeder will glücklich sein, und keiner ist es. Es war unmöglich, das zu übersehen.

Das Leben ist ein langer Loslösungsprozeß. Das begriff ich damals. Ich glaube nicht, daß ich ohne die Reisen diesen Prozeß vollzogen hätte. Ich glaube nicht, daß ich direkt im Anschluß an meine Zeit in San Diego auf der Farm hätte leben können.

Wir hatten auf «Shalom» Hühner, ein Pfauenpaar, sieben Ziegen, zwei Reitpferde, Katzen, Hunde und 25 Shetland Ponys. Wir ernährten uns so gesund wie es in den Gesundheitsbüchern steht, in jeder Beziehung. Also kein Kaffee, kein Schwarztee, sondern nur Aufgüsse aus selbstgetrockneten Kräutern und Blättern, kaum Zucker, statt dessen hatten wir Honig von unseren eigenen Bienen.

Wir hatten Milch und Butter von unseren Ziegen, selbst angebautes Obst und Gemüse, eine Bananenplantage und giftfreies Getreide.

Dennoch bekam ich perniziöse Anämie. Anfangs wußte ich überhaupt nicht, was mit mir los war. Ich fühlte mich völlig schlapp, so müde und energielos, daß ich kaum die Treppe hinaufgehen konnte.

Der Arzt, zu dem ich schließlich ging, sah sofort, daß ich viel zu blaß war. Er diagnostizierte perniziöse Anämie und erklärte mir, daß man diese Krankheit in seinem ganzen Leben nicht mehr los wird. Man müsse bis zu seinem Lebensende Vitamin B 12-Spritzen bekommen.

Diese Aussicht gefiel mir überhaupt nicht. Ich war damals ja noch jung und wollte nicht dauernd eine Patientin sein.

Auf eigene Faust machte ich eine dreimonatige Fastenkur mit Weintraubensaft. Also nichts als Saft und mehrmals am Tag dunkle Weintrauben. Das hatte ich in einem Buch gelesen.

Die Kur schlug sehr gut an. Als ich damit fertig war, war mein Blutspiegel wieder in Ordnung – und ist es bis heute geblieben. Nach der Krebsoperation vor drei Jahren geriet er vorübergehend aus dem Gleichgewicht, aber auch das habe ich wieder hingekriegt. Ich lebe nach wie vor so natürlich und einfach wie nur möglich – unter Verzicht auf Fleisch, was mir nicht schwerfällt.

Eines Tages besuchte uns ein buddhistischer Mönch auf unserer Farm. Er hieß Phra Khantipalo und war Engländer. Er hatte keine Bleibe, und da haben wir ihn eingeladen, bei uns zu wohnen. Wir gaben ihm für eine Übergangszeit unser Fremdenzimmer, währenddessen bauten er und Gerd eine Holzhütte für ihn, mitten im Wald auf unserem Grund.

Er hat mit uns gelebt, mit uns gegessen, und wir haben von ihm eine Menge gelernt.

Als Phra Khantipalo von der Lehre des Buddha erzählte, war mir klar: Das kann ich verstehen und praktizieren. Zum Beispiel die Lehre von den fünf Tugenden: man darf keine Lebewesen töten, nicht nehmen, was einem nicht gegeben wurde, nicht lügen, keine groben Worte benutzen, keinen sexuellen Mißbrauch treiben, weder Drogen noch Alkohol zu sich nehmen.

Das Gegenteil sollte praktiziert werden: Liebende Güte, Freigebigkeit, Zuverlässigkeit und Treue, gute Reden, Achtsamkeit.

Es war das erste Mal, daß ich etwas gehört hatte, von dem ich sagen konnte: ich verstehe es vollkommen, ich brauche überhaupt nicht nachzudenken. Ich weiß, daß es stimmt, ich begreife, was ich anzustreben habe.

Hier war ein spiritueller Weg, der wirklich aufzeigte, wie man sich ändern kann, um innere Reinheit zu erlangen.

Ich organisierte dann auf unserer Farm Kurse, die der Mönch für interessierte Menschen gab. Auch andere Lehrer lud ich zu uns ein.

Wir haben beide weiter von Phra Khantipalo gelernt. Für mich war es ein beglückendes Erlebnis, endlich zu wissen, wohin ich wollte. Es wurde zu meinem beherrschenden Thema. Mir wurde klar, daß unser gesundes, natur-

Mein erster Meditationskurs mit Phra Khantipalo. Ich sitze auf der Erde als dritte von rechts. Phra Khantipalo steht hinter mir.

nahes Leben wohl hilfreich war, mir aber immer noch nicht das Glück und den Frieden bescherte, wonach ich suchte.

Jeffrey war inzwischen 18 geworden und zog nach Brisbane, in die Hauptstadt, um die Universität zu besuchen. Eigentlich wollte er Elektroingenieur werden wie Gerd, aber nach zwei Jahren sattelte er auf Informatik um. Da er die Schule besonders gut abgeschlossen hatte, bekam er das ganze Studium plus Lebenshaltungskosten vom Staat bezahlt.

Eines Tages flog ich dann nach Amerika und besuchte das Zen-Center in San Francisco. Von dort ging ich nach Tassahara. Das ist ein herrlicher Platz in einem Tal hinter den Bergen von Karmel an der Westküste Kaliforniens, mit heißen Quellen und einem großen Bergsee. Dort blieb ich drei Monate, um auch den Zen-Buddhismus kennenzulernen.

Es war eine herrliche Zeit. Ich war als Mitarbeiterin dort, so daß ich nichts zu bezahlen brauchte. Meine Arbeit war, das Badehaus sauberzuhalten. So konnte ich in die heißen Quellen hineinspringen, so oft ich wollte. Aber die Lehre des Buddha, so wie Phra Khantipalo sie lehrte, fehlte mir.

Der Zen Buddhismus folgt den Lehrreden der erleuchteten Zen-Meister über die Jahrhunderte. Zen ist im 7. Jahrhundert nach China und Japan gekommen und hat sich in einer Art entwickelt, die der chinesischen und japanischen Kultur angemessen war. Genauso verhielt es sich mit dem tibetischen Buddhismus, der sich ebenfalls in enger Beziehung zur tibetischen Kultur weiterentwickelte.

Der Theravada-Buddhismus, dem ich heute angehöre, folgte den ursprünglichen 2 500 Jahre alten Lehren des Buddha. Wir hoffen, diese Lehren hier im Westen so verankern zu können, daß sie auch bei uns heimisch und selbstverständlich werden. Sie könnten zu einer Bereicherung des religiösen Lebens in Europa werden, ohne die vorhandenen Lehren zu verdrängen.

Als ich wieder nach Australien zurückkehrte, hatte ich nicht das Gefühl, daß Gerd meine Abwesenheit mißbilligt hatte. Wir waren wieder zusammen, und ich hatte viel zu erzählen. Er interessierte sich ja sehr dafür. Ich war mir sicher, daß er meinen Weg guthieß. Es war mir zu dieser Zeit nicht klar, daß sein Interesse nicht so dringlich und tiefgehend war wie das meine.

Später hat sich herausgestellt, daß er meine Abwesenheit und neue Selbständigkeit als eine Verneinung seiner Ideale der biologischen Landwirtschaft ansah. Aber davon merkte ich zunächst nichts.

Unsere Farm, unser Milchhäuschen und die Kuti im Wald zogen andere Lehrer an. Sie kamen, gaben Vorträge, lehrten noch weitere Methoden der Meditation.

Ich flog nach Burma. Damals konnte man nur sieben Tage im Land bleiben. Dann mußte man ausreisen und durfte mit einem neuen Visum wieder herein. Das wiederholte ich dreimal. Dreimal sieben Tage meditierte ich in einem Meditationszentrum unter der Anleitung von Schülern von U Bha Khin. U Bha Khin war kein Mönch, sondern ein Laie. Er war Finanzminister von Burma, und für sein Ministerium galt, daß nur Mitarbeiter eingestellt wurden, die einen Meditationskurs bei ihm gemacht hatten. Soviel ich weiß, hat das Finanzministerium auf diese Weise besonders gut funktioniert.

Aus Burma kehrte ich wieder nach Hause zurück. Aber von nun an war ich immer öfter weg. Ich besuchte Meditationskurse, arrangierte welche, und irgendwann sagte einer meiner Lehrer zu mir, ich könne doch selber einmal einen Kurs bei uns auf der Farm geben. Wir hatten dort die Garage ausgebaut, in der eine größere Anzahl von Teilnehmern meditieren konnte.

Ich hatte den April als ersten Veranstaltungstermin für Gerd und mich im Auge. Gerd schrieb die Einladungen. Er hatte sich bereit erklärt, mit den Gästen Yoga zu üben.

Vier Wochen davor war ich zu einem Meditationskurs nach Südaustralien gefahren. Als ich heimkam, stand Jeffrey am Bahnhof. Ich fragte: «Wo ist denn Daddy?», er sagte: «Hier ist ein Brief.»

Und dann dachte ich, ich sehe nicht recht. In dem Brief schrieb Gerd, daß er fortgegangen sei. Er schrieb, daß er glaube, ich könne mich in meiner neuen Welt besser entwickeln, wenn er nicht mehr da sei.

Heute weiß ich, daß er damit wohl recht hatte. Ich hatte immer gedacht, wir könnten diesen Weg zusammen gehen, und wir sind ihn ja auch ein Stück weit gemeinsam gegangen. Aber er konnte sich nicht so konsequent wie ich nur dem spirituellen Pfad zuwenden.

Damals war ich entsetzt und auch wütend, denn da stand ich nun: mit einer Riesenfarm, 25 Pferden, den vielen Maschinen, mit unserem ganzen Hab und Gut. Gerd hatte nichts mitgenommen. Er war einfach mit seinem Rucksack losgezogen.

Vielleicht war das Leben auf der Farm auch zu seßhaft für ihn. Wir hatten alles aufgebaut, uns abgerackert, und nun lief es und war in Ordnung. Es mußte nichts mehr verändert oder neu angefangen werden. Vielleicht hatte er auch deshalb die Lust daran verloren. Er hatte und hat noch heute das Naturell eines Pioniers. Wir hatten vierzehn Jahre auf der Farm gelebt.

Noch auf dem Bahnsteig, mit dem Brief in der Hand, war ich mir darüber klar, daß ich die Farm allein nicht bewirtschaften konnte. In der Praxis bestätigte sich das rasch. Ich kam zunächst schon einmal mit den Maschinen nicht zurecht. Die Pumpe zum Beispiel, die das Wasser aus dem Brunnen ins Haus pumpte, konnte ich nicht reparieren.

Jeffrey war auf der Universität in Brisbane. Er kam am Wochenende nach Hause und half mir, aber es war natürlich für ihn auch ungewohnt und sehr schwierig.

Ich versuchte, die Farm zu verkaufen. Das war zu dieser Zeit nicht leicht. Das Land steckte gerade in einer wirtschaftlichen Krise, die Menschen hatten kein Geld.

Als erstes verkaufte ich die Pferde. Glücklicherweise bin ich sie alle losgeworden. Aber die Pferde mußten verladen werden, und man muß wissen, wie man so etwas macht.

Ich wußte es, aber nur theoretisch, es war immer Gerds Sache gewesen. So wurde ich bei dieser Gelegenheit auch einmal furchtbar von einem Pferd getreten. Es ist nämlich gar nicht so leicht, Pferde in einen Anhänger zu verfrachten.

Dann verkaufte ich alles, was ich an Wertsachen besaß. Ich gab sie für billiges Geld weg, nur damit ich sie los wurde und das Haus leer bekam. Was ich nicht verkaufen konnte, warf ich weg. Bei der Aktion habe ich auch Papiere weggeworfen, die ich später dringend gebraucht hätte.

Schließlich meldete sich eine Gemeinschaft von Menschen, die am Leben in der Natur interessiert waren und die Farm haben wollten – für eine Anzahlung. Der Vertragsabschluß bezog mich in diese Gemeinschaft mit ein, anders wäre es nicht gegangen.

Ich zog nach Sydney in das buddhistische Kloster, in dem Phra Khantipalo jetzt wohnte. Es gab dort ein Laienhaus, wo ich wohnen konnte. Alle zwei Wochen fuhr ich zur Farm, um dort für Ordnung zu sorgen – was dringend nötig war.

Die Gemeinschaft konnte die vielen Garten- und Farmanlagen nicht in Ordnung halten. Die Mitglieder wollten zwar in der Natur leben, aber dabei nicht viel arbeiten. Und so verkam vieles, sogar der herrliche Rosengarten, den wir angelegt hatten.

Phra Khantipalo bat mich, ihm beim Lehren zu helfen. Meinen ersten Kurs hielt ich allein auf der Farm ab, in der Garage, die Gerd und ich noch hergerichtet hatten. Es kamen ungefähr zehn Teilnehmer, denen ich Meditation beibrachte. Ich schaffte das ganz gut, und es machte mir Freude.

Gerd schrieb einmal an Jeff. Er war zu diesem Zeitpunkt in Israel, wo er aber nicht geblieben ist. Er reiste in der folgenden Zeit noch viel herum und besitzt heute vier Hektar Land in Nepal, wo er Hunderte von Bäumen gepflanzt hat.

Ein halbes Jahr schlug ich mich mit meinen Schwierigkeiten herum und war unglücklich.

Dann wachte ich eines Morgens auf der Farm auf, und es fiel mir wie Schuppen von den Augen, was für ein Unsinn es war, daß ich mich selber unglücklich machte. Ich mußte doch einfach nur sagen (oder denken): es ist, wie es ist, und so ist es okay.

In diesem Augenblick habe ich alles fallengelassen, was sich an Ärger und Frustration in mir angesammelt hatte. Ich bin sozusagen ausgestiegen aus den negativen Gefühlen. Seither habe ich mich nie mehr selbst wissentlich unglücklich gemacht. Und ich war und bin in der Lage, das auch anderen Menschen zu vermitteln. Ich kann es ihnen zumindest erklären. Ob sie es dann auch fertigbringen, liegt an ihrer Fähigkeit, Willenskraft zu mobilisieren.

Schließlich konnte ich unsere Farm «Shalom» doch verkaufen. Wir – die Gemeinschaft und ich – bekamen etwas Geld, nicht viel, es war kein gutes Geschäft. Aber immerhin, ich war die Sorge los.

Ich zog nun ganz nach Sydney. Phra Khantipalo wollte gern ein Waldkloster aufmachen, und ich hatte ja nun etwas Geld und hatte auch etwas von meiner Mutter geerbt, die im Jahr davor gestorben war. Alles, was ich hatte, investierte ich in das Kloster Wat Buddha Dhamma. Phra Khantipalo und ich fanden nach monatelanger Suche einen geeigneten Platz mitten in einem Nationalpark. Siebzig Hektar, ungefähr die Größe, die «Shalom» gehabt hatte.

Mein Kuti (Hütte) im Wat Buddha Dhamma.

Phra Khantipalo war der Abt, ich kümmerte mich um die Organisation, und gemeinsam haben wir gelehrt. Viele Gebäude entstanden, zum Beispiel eine herrliche Meditationshalle. Für mich wurde eine sehr hübsche Kuti auf einem Felsen gebaut. Nach und nach entstanden immer mehr Kutis (Hütten) für die Menschen, die an diesen Platz kamen, um ein spirituelles Leben zu erfahren, zur inneren Einkehr zu gelangen.

Es waren genug, um Wat Buddha Dhamma zu einer gesicherten Existenz zu verhelfen. Sie beteiligten sich alle an den Baukosten. Die Einrichtung gibt es nun schon länger als zwanzig Jahre. Zuerst waren Phra Khantipalo und ich die Treuhänder. Heute haben wir vier Treuhänder, ich werde durch einen meiner Schüler vertreten.

Die Lehre des Buddha bestimmte von jetzt an mein ganzes Leben: Ihr zufolge gibt es vier große Anstrengungen. Sie heißen, auf eine Formel gebracht:

- Keinen unheilsamen Gedanken aufkommen lassen, der noch nicht aufgekommen ist – also vermeiden.
- Keinen unheilsamen Gedanken, der schon aufgekommen ist, weiterführen – also überwinden.
- Einen heilsamen Gedanken, der noch nicht aufgekommen ist, hochbringen – also entfalten.
- Einen heilsamen Gedanken, der schon aufgekommen ist, weiterführen – also erhalten.

Vermeiden, überwinden, entfalten, erhalten: das ist der Zugang zum spirituellen Leben.

Es bedeutet, daß man auf sich selber aufpaßt und die Inhalte der eigenen Gedanken erkennt. Wenn diese Gedanken negativ sind, ablehnend, haßerfüllt, ärgerlich, widerwillig, weiß man, daß man sich damit selbst schadet und unglücklich macht. Durch die Meditation lernt man, solche Gedanken durch das Gegenteil zu ersetzen. Das Gegenteil sind positive, liebevolle, hilfreiche Gedanken.

Nun ist es nicht immer sofort möglich, die Gedanken auf diese Weise «auszutauschen». Das ist nicht so einfach, man muß es lernen. Dabei ist es wichtig, daß man kleine Zwischenschritte macht, daß man das Negative, die Unheilsamkeit, die sich in einem breitgemacht hat, so weit losläßt, daß man an etwas Schönes denken kann. An eine schöne Blumenwiese oder an ein schönes Musikstück. Oder an einen Menschen, den man liebt. Die Gedanken werden dadurch auf etwas gelenkt, das den Geist und die Gefühle erfreut.

Wenn das geschehen ist, kann man noch einmal zurückgehen zu dem ursprünglichen Gedanken und versuchen, ihn zu ersetzen. Man hat sich über jemanden geärgert. Jetzt kann man auch das Gute an diesem Menschen erkennen.

Es war mir klar, daß diese Fähigkeit unverzichtbar war, um einen Zugang zu der Lehre des Buddha und zu einem spirituellen Wachstum zu finden. Selbst als ich die Lehre noch nicht genau kannte, fühlte ich dies schon intuitiv. Ich war mir bewußt, daß Sich-selber-unglücklich-machen ein Wahn war, dem wir alle nur allzu leicht verfallen.

Damals in Shanghai, nach dem Ende des Krieges, habe ich mich aus tiefstem Herzen bemüht, nicht haßerfüllt an Deutschland zu denken, sondern mich zu versöhnen. Ich spürte, daß Haßgedanken nur dafür gut sind, mein Leben heillos zu verdüstern. Viel später fand ich in der Lehre des Buddha genau das ganz klar ausgedrückt, was ich schon vorher undeutlich gefühlt hatte.

Diese vier großen Anstrengungen sind vier der 37 Erleuchtungsfaktoren. Es gibt keinen Kurs und keinen Vortrag, wo ich diese Anweisungen nicht mit einflechte. Sie sind äußerst wichtig. Wenn man sich lange genug darin geübt hat, wird es zur Gewohnheit, keine unheilsamen Gedanken aufkommen zu lassen. Man vermeidet sie. Das bedeutet nicht, daß man sie unterdrückt.

Viele Menschen denken heute: Ich darf doch nichts unterdrücken, ich muß doch alles aus mir herauslassen. Diese Idee ist augenblicklich sehr in Mode. Es geht aber nicht darum zu unterdrücken, sondern zu vermeiden. Wir müssen nicht alles in uns zulassen. Wir haben beides in uns, das Gute und das Böse. Und nur wenn wir das Gute entfalten, verschwindet das Böse eines Tages in uns.

Ein weiteres großes Thema der buddhistischen Lehre ist das Loslassen. Der Weg dorthin besteht in den fünf täglichen Betrachtungen. Man soll jeden Tag daran denken:

- Ich bin dem Verfall unterworfen, ich kann dem Verfall nicht entgehen.
- Ich bin der Krankheit unterworfen, ich kann der Krankheit nicht entgehen.
- Ich bin dem Tod unterworfen, ich kann dem Tod nicht entgehen.
- Alles, was mein und mir lieb ist, muß sich ändern und entschwinden.
- Ich bin der Eigentümer meines Karma, der Erbe meines Karma; ob ich nun gutes oder schlechtes Karma mache, dessen Erbe werde ich sein.

«Alles, was mein und mir lieb ist, muß sich ändern» – paßt besonders auf die Beziehung zu unseren Kindern und Partnern. Kinder ändern sich vom Tag der Geburt an. Aber sie verschwinden auch oder können verschwinden. Dasselbe gilt für Partner.

Kein Mensch glaubt wirklich, daß die Kinder oder der Partner ihm gehören. Aber dennoch fühlt man so und will sie festhalten. Daraus entstehen die vielen Beziehungsschwierigkeiten in den Familien.

Wir wollen über unseren Partner verfügen können. Wir glauben, die Entwicklung unserer Kinder bestimmen zu müssen, darüber entscheiden zu können, was sie tun und was sie lassen sollen. Wir wollen die Kinder und den Partner nicht nur behalten, sondern sie sollen auch so sein, wie wir sie uns wünschen und vorstellen. Und nichts davon stimmt.

Wir müssen loslassen, wenn wir frei leben und lieben wollen. Noch nicht einmal der eigene Körper ist «mein», sagt der Buddha, wie können dann andere Menschen «mein» sein. Jeder macht sein eigenes Karma.

Ich wollte an dieser Stelle einen kleinen Teil der Lehre des Buddha erklären, der mich und – wie ich aus meiner Arbeit weiß – sehr viele Menschen betrifft.

Die reine Liebe ist eine Liebe, die nicht behalten und nicht festhalten will, sondern sich einfach verschenkt. Das habe ich über die Jahre immer mehr und mehr gelernt.

1979 entschied ich mich dafür, Nonne zu werden.

Ich hatte bis dahin vieles ausprobiert und gesehen, daß die Welt einen nicht beglücken kann. Auf unseren Reisen war mir klar geworden, daß Ruhe und Frieden nichts mit den schönsten Plätzen der Erde oder den interessantesten Erlebnissen zu tun haben. Sie sind nur im eigenen Herzen zu finden.

Ich war jetzt bereit, mich dem höchsten Ideal hinzugeben.

Schwer erreicht man Menschendasein,
Schwer der Sterbliche hier lebet,
Schwer hört man die gute Lehre,
Schwer kommt's zur Geburt von Buddhas.

Dhammapada, Vers 182

Aus Ilse wird Ayya Khema

Ich muß in meiner Lebensgeschichte zurückgreifen, um die etwas verschlungenen Wege zu beschreiben, die ich gegangen bin, ehe ich gefunden habe, was ich suchte.

Bevor ich den Buddhismus überhaupt kennenlernte, suchte ich in meiner eigenen Religion einen Weg. Ich bin als Jüdin geboren, hatte zwar keine jüdische Erziehung im orthodoxen Sinn, habe aber dennoch Zugang zum jüdischen Wesen und Glauben.

Wenn man jüdisch geboren ist, fühlt man sich auch jüdisch. Dies muß sich nicht unbedingt aus der Religionszugehörigkeit herleiten. Nach meiner Meinung beruht dieses Gefühl auf einer ethnischen Basis. Wenn ich irgendwo unter fremden Menschen bin und komme mit jemandem ins Gespräch, weiß ich instinktiv, ob er oder sie jüdisch ist, wie ich. Es «liegt etwas in der Luft», woran wir uns erkennen.

Als Jeff dreizehn wurde, gingen wir mit ihm zum Rabbiner. In diesem Alter feiern Jungen «Barmitzwah», eine Art jüdische Konfirmation, den Eintritt ins Mannesalter.

Gerd – er ist übrigens orthodox erzogen – stellte sich mit seinem hebräischen Namen vor. Ich hatte keine Ahnung, ob ich auch einen hebräischen Namen hatte. Der Rabbi guckte mich groß an und sagte: «Sind Sie denn überhaupt Jüdin?»

Gerd sagte: «Ja, natürlich ist sie Jüdin. Sie weiß nur nicht Bescheid.» Dann haben wir uns schnell einen Namen für mich ausgedacht. Ich hatte kein Wissen auf diesem Gebiet.

Eine Zeitlang bemühte ich mich sehr darum, dieses Wissen nachzuholen. Ich las viele Bücher, zum Beispiel über die Kabbala und die Zohar. Aber ich habe wenig davon verstanden. Dies lag auf einer Ebene, zu der ich keinen Zugang fand.

Dann, als wir noch auf «Shalom» lebten, hörte ich von einer weltweiten Organisation, die Chabad heißt und das mystische Judentum lehrt. Der Sitz dieser Organisation in Australien war Sydney.

Ich suchte den Lehrer dort auf. Er war Mathematikprofessor an der Universität Sydney. Er hatte eine Frau und sechs Kinder und lehrte jeden Abend bei sich zu Hause.

Ich hörte ihm zu und begriff, daß man, um diesen mystischen Zugang zu finden, zunächst einmal perfekt Hebräisch können mußte. Ich konnte gerade die wichtigsten Gebete auswendig, sonst aber nichts sprechen, geschweige denn lesen.

Außerdem mußte man orthodox leben. Das bedeutete, ich hätte einen koscheren Haushalt führen müssen, was mir nicht möglich war, da ich nicht einmal die Grundbegriffe kannte.

Und drittens mußte man ein Mann sein. Das war ja nun auf jeden Fall unerreichbar für mich. Genauer gesagt bedeutete es: ich durfte zuhören, aber nicht mitmachen.

Ich schrieb noch an Gerschom Scholem, einen modernen Interpreten der Kabbala, dessen Bücher ich gelesen hatte. Er war Professor an der Hebräischen Universität in Jerusalem gewesen, jetzt aber im Ruhestand in der Schweiz. Ich bat ihn um Hilfe, den Zugang zur Kabbala und der Zohar zu finden. Er schrieb sofort zurück und erklärte, daß bis vor ca. 30 Jahren eine Schule für diesen Weg außerhalb Jerusalems existiert hatte. Sie hatte «Beth El» (Haus Gottes) geheißen, war aber aus Mangel an Nachwuchslehrern sowie aus Mangel an Interesse geschlossen worden. Da gab ich diesen Weg auf. Es ist noch nicht lange her, daß mir ein interessantes Buch in die Hände fiel: *The Jew in the Lotus* («Der Jude in der Lotusblume»).

Es handelte von einer Konferenz in Dharamsala, dem Exilsitz des Dalai Lama, der eine jüdische Delegation von Rabbinern und Führern jüdischer Organisationen eingeladen hatte. Sie sollten ihm erklären, wie es das jüdische Volk in 2 000 Jahren Exil fertiggebracht hat, seine Identität und Religion zu bewahren. Denn dieses Problem steht ja heute bei den Tibetern im Brennpunkt des Geschehens.

Was mich besonders berührt hat, ist die Beschreibung des Zusammentreffens dieser Konferenzteilnehmer mit Dutzenden von westlichen Nonnen und Mönchen jüdischer Herkunft, ordiniert in der tibetischen Tradition. Sie lebten und lernten jetzt in Dharamsala. Jede dieser Nonnen und jeder dieser Mönche berichtete das gleiche, was mir passiert war. Sie hatten nach dem tieferen, mystischen Aspekt ihrer eigenen Religion gesucht und sich dann, als sie keinen Zugang fanden, vertrauensvoll dem Buddhismus zugewandt.

Den Entschluß, buddhistische Nonne zu werden, machte ich mir nicht leicht. Bevor ich ihn endgültig faßte, verbrachte ich eine dreimonatige Regen-Einkehr in einem Kloster in Thailand.

In den Monaten August, September und Oktober regnet es in Indien dauernd und in Thailand sehr viel. Die Regeneinkehr fängt immer an einem Vollmondtag an, der Termin verschiebt sich also jedes Jahr ein bißchen.

Diese Zeit hat der Buddha dafür bestimmt, daß Mönche und Nonnen im Kloster bleiben sollen, um sich mit Meditation und Studium zu befassen. Das Essen soll ihnen ins Kloster gebracht werden.

Der Grund dafür ist, wie so oft beim Buddha, ein sehr pragmatischer und einleuchtender. Er hatte stets eine große Zahl von Mönchen und Nonnen um sich, die gewöhnlich jeden Tag mit ihrer Almosenschale von Haus zu Haus, über Land und Felder gingen, um Speisen zu erbitten.

In der Regenzeit kamen dann die Bauern zu dem Buddha und beschwerten sich, daß die Mönche und Nonnen in Scharen auf diesen Wegen die neuen Reispflänzchen zertrampelten, die man noch nicht sah, weil sie unter Wasser gepflanzt wurden. Von ihrem Gedeihen hing praktisch das Leben der Bauern ab.

Der Buddha beschloß, daß das nicht länger angehen konnte. Die einfachste Gegenmaßnahme war, die Mönche und Nonnen im Kloster zu halten. Daraus ist dann dieser Brauch entstanden, der heute noch ausgeübt wird. Hier im Westen haben wir den Zeitpunkt dem Wetter entsprechend geändert. Wir halten die Einkehrwochen im Winter, wenn Schnee und Eis draußen liegen und man ebenfalls besser drinnen bleibt.

Ich fuhr also drei Monate nach Thailand, in ein Waldkloster, das wunderschön mitten unter Bäumen lag. Dort lehrte ein berühmter Mönch namens Tan Ajahn Singtong, dessen über 80 Jahre alte Mutter mit einigen Nonnen in dem für Frauen vorgesehenen Teil des Klosters wohnte. Er kam jeden Tag zu ihr und hielt einen Dhamma-Vortrag, der mir übersetzt wurde.

Ich versuchte, Thai zu lernen, weil ich aber total unmusikalisch bin, gab es da für mich keine Hoffnung. Thai ist eine tonale Sprache. Dasselbe Wort hat fünf verschiedene Betonungen und fünf verschiedene Bedeutungen. Ich konnte einfach nichts unterscheiden. Manchen Leuten fällt das anscheinend ganz leicht.

An drei Erfahrungen erinnere ich mich aus dieser Zeit der Einkehr. Erstens an das Sitzen auf dem Holzboden ohne Kissen beim Meditieren. Mit gekreuzten Beinen. Das muß man erst einmal lernen, dazu habe ich eine ganze Weile gebraucht.

Etwas anderes, was mich seltsam berührte, war die Beobachtung, daß die buddhistischen Einwohner der Umgebung ihre Ehrerbietung für den Buddha und die Mönche dadurch zum Ausdruck brachten, daß sie täglich Unmengen Essen ins Kloster schleppten. Das habe ich später in den Klöstern, die ich selber gründete, nicht übernommen. Nicht umsonst hat sich der Buddha dazu geäußert, daß er keine Essensreligion haben wolle. So habe ich auch verschiedene andere Traditionen nicht mitgemacht.

Dann mußte ich erleben, welche untergeordnete Stellung die Nonnen in Thailand einnahmen. Sie nannten sich nicht einmal Nonnen, sondern «Damen in Weiß». Davon war ich nicht begeistert.

Den zweiten Teil meiner Regeneinkehr verbrachte ich in einem anderen Waldkloster, wo Tan Ajahn Mahabova lebte, ein Erleuchteter, wie man mir sagte.

Beide, Tan Ajahn Singtong und Tan Ajahn Mahabova, waren wunderbare Lehrer. Ich verdanke ihnen viel.

Es gibt um die beiden noch eine Geschichte: Als König Bhumiphol von Thailand seinen 60. Geburtstag feierte, lud er die berühmtesten Mönche des Landes, darunter auch diese zwei, zu den Feierlichkeiten ein.

Tan Ajahn Mahabova ließ den König wissen: «Wenn er mich sehen will, soll er hierher kommen.» Tan Ajahn Singtong folgte der Einladung und stieg mit neun anderen Mönchen in das Flugzeug, das der König schickte. Sie sind alle umgekommen. Das Flugzeug stürzte ab. Das geschah mehr als zehn Jahre nachdem ich dort war.

Meine Zeit in den beiden Waldklöstern bedeutete eine sehr tiefe Erfahrung für mich. Ich hatte auch beide Male großes Glück, daß ich gute Übersetzungen von den Dhamma-Vorträgen der Lehrer bekam.

Aber allein schon die Schwierigkeit der Sprache und die untergeordnete Stellung der Nonnen schreckten mich ab, dort als Nonne zu ordinieren. Sah ich doch häufig, wie die Nonnen den ganzen Morgen mit Kochen für die Mönche verbrachten. Gekocht hatte ich täglich seit mehr als 30 Jahren für meine Familie, das schwebte mir nicht als Zukunftsperspektive vor.

Wieder zurück in Australien, sagte ich zu Phra Khantipalo: «Ich will als Nonne ordiniert werden, aber nicht in Thailand.» Ich wußte auch schon, wo: in Sri Lanka. Ich erinnerte mich, wie schön es war, als wir dort durchfuhren, paradiesisch! Und da Sri Lanka über hundert Jahre lang unter englischer Oberhoheit gewesen war, sprachen viele Leute dort Englisch.

An dieser Stelle möchte ich noch einmal darauf zurückkommen, was mich dazu bewogen hat, Nonne zu werden.

Das letzte Foto von mir, bevor ich Nonne wurde.

Ich war fünfundfünfzig Jahre alt und hatte, was man ja wohl den vorhergehenden Kapiteln entnehmen kann, die Welt gesehen.

Ich hatte Kinder und Enkelkinder, ich war verheiratet gewesen. Geld hatte ich. Arm war ich gewesen und zeitweise auch reich. Ich hatte eine Farm und Shetland Ponys gehabt. Ich kannte das Vorortsleben in Amerika und das Leben im Wohnmobil mit Kocher und Klappbett. Ich war Sekretärin in einer Bank und Privatlehrerin für meinen Sohn gewesen.

Ich hatte so ziemlich alles gehabt und ausprobiert. Was hatte die Welt mir noch zu bieten? Sie bringt einem nicht den inneren Frieden und das innere Glück, weil alles, was in der Welt geschieht, vergänglich ist.

Alles, was ich eben aufgezählt habe, ist vorüber. Alles, was ich in diesem Buch aufgeschrieben habe, ist Erinnerung, und an manches kann ich mich gar nicht mehr erinnern. Es wurde einfach fortgetrieben vom Fluß der Zeit.

Ich lebte, was man ein bewegtes Leben nennt. Ich habe das nicht so geplant, es hat sich eben so gefügt. Wo sollte ich jetzt noch etwas suchen außer in meinem Inneren? Der Moment war gekommen, Abschied von der Welt zu nehmen. Das hört sich so an, als ob man sich völlig zurückzieht, was ich natürlich auch zeitweilig getan habe.

Aber wir können uns ja gar nicht vollständig von der Welt zurückziehen. Solange wir einen Körper haben, müssen wir in der Welt leben. Wir müssen diesen Körper ernähren, wir müssen sprechen, mit anderen Menschen Kontakt haben.

Und obendrein: Wenn man lehrt, bringen die Schüler, die zu einem kommen, die Welt mit sich.

Mit «Abschied von der Welt nehmen», meine ich einzig und allein in eine neue Phase des Erlebens einzutreten, in der man die Welt als Beobachter erlebt, nicht mehr als eine Person, die davon in Mitleidenschaft gezogen wird.

Das gelingt einem am Anfang nicht immer, aber am Ende immer besser. Der Beobachter hat viel Mitgefühl und Liebe für die Menschen um sich, aber er läßt sich nicht mehr in ihre Gefühle und Schicksale verstricken.

Das ist ein sehr schönes deutsches Wort: Mit-Leidenschaft. Da ist zunächst einmal Mit-Leiden mit denen, die Leidenschaften haben. Das Endziel der buddhistischen Lehre und jeder spirituellen Lehre ist es, diese Leidenschaften loszuwerden. Denn die Leidenschaften ziehen uns in Haß und Gier hinein.

Die Lehrer versuchen, dies ihren Schülern zu vermitteln, und beim Lehren lernen sie selbst immer weiter. Nur wenn man sich beim Lehren auch als Lernender empfindet, hat das, was man sagt, eine Berechtigung. Nur so berührt man die Herzen der Menschen. Sie müssen spüren: der da so klug redet, hat auch einmal gelernt, hat etwas gemacht, was ich nachahmen kann; redet nicht nur wie ein Buch, sondern mit dem Herzen.

Nonne werden war für mich der nächste logische Schritt in meiner Entwicklung. Ich weiß heute, daß meine Vergangenheit mich auf diesen Weg geführt hat.

Meine Erfahrungen haben es mir ermöglicht, sehr viel persönliche Angst loszulassen, die Angst um mein eigenes Leben und um das Leben meiner Nächsten. Ich habe gesehen, daß man mit jeder Lebenssituation fertig wird, sei es im Amazonasbecken oder in der dünnen Höhenluft Hunzas. Man kann alles durchstehen, wenn man mit dem Geschehen mitfließt.

Ich habe gelernt, mich in bezug auf körperlichen Komfort zu disziplinieren. Das war für mich ein Riesenfortschritt. In meiner Kindheit wurde ich mit äußerstem Komfort verwöhnt. In Shanghai hatten meine Eltern wieder das alte Zuhause für mich vorbereitet. In Amerika lebte ich als junge Frau so komfortabel, wie das eben in einem hübschen Vorortshaus möglich war.

Und dann war das bequeme Leben zu Ende. Ich habe gelernt, auf einem Strand mit den Moskitos zu schlafen, in einem ausgehöhlten Baumstamm in der Gluthitze einen Fluß zu befahren. Auf der Überfahrt von Java nach Sumatra waren wir auf einem Dampfer, der eigentlich ein Viehtransporter war und auf dem es weder Sitz- noch Liegegelegenheiten gab. Da habe ich mich auf die Holzbohlen gelegt und fest geschlafen.

Ich habe dem Komfort nicht nachgeweint, weil ich lernte, daß es auch ohne ging. Das war ein wirklich wichtiger Lernprozeß, eine Loslösung von äußeren Bedingungen. Und das brachte sehr viel innere Freiheit mit sich, hob mich auf eine Ebene, auf der das spirituelle Leben Priorität hat.

Ich flog also nach Sri Lanka. Phra Khantipalo gab mir einen Brief an den Ehrw. Nyanaponika, einen der bekanntesten Mönche in Sri Lanka mit, der ein kleines Häuschen oberhalb von Kandy bewohnte.

Der Ehrw. Nyanaponika war ein deutscher Jude, der schon seit 1935 Mönch war. Durch unsere gemeinsame Herkunft hatten wir sofort eine gute Verbindung zueinander.

Er war ein besonders liebenswürdiger und liebevoller Mensch, ein Meditierender und großer Gelehrter, der viele Übersetzungen aus den Pali-Texten, den Originalworten des Buddha gemacht hat.

Pali existiert nur in den Lehrreden, Ordensregeln und dem Abhidhamma, ist also eine tote Sprache und hat nicht einmal ein eigenes Alphabet.

Etwa 250 Jahre nach dem Tode des Buddha wurden seine Worte erstmalig niedergeschrieben – unter Verwendung des singhalesischen Alphabets, und zwar auf Palmblättern. Es gibt ein Kloster in Sri Lanka, das diese Palmblätter ständig kopiert und neue herstellt, weil sie immer wieder zerfallen. Es muß stets mindestens eine komplette Ausgabe aller Schriften des Palikanon auf Palmblättern geben.

Der Ehrwürdige Nyanaponika vor seinem kleinen Haus im Wald bei Kandy, Sri Lanka. Ich besuchte ihn oft, um Fragen zu stellen. Er war mein erster Kontakt in Sri Lanka.

Im Buddha-Haus hier im Allgäu haben wir den Palikanon in englischer und deutscher Übersetzung in unserer Bibliothek. Meine eigenen Kenntnisse in Pali sind lückenhaft.

Der Ehrw. Nyanaponika sagte mir, er könne mich jederzeit in seinem kleinen Häuschen ordinieren. Aber das sei doch nicht so feierlich und schön, wie wenn er seinem Freund, dem Ehrw. Narada, der in Colombo den größten Tempel unter sich habe, ein Empfehlungsschreiben schickte und ihn bäte, das zu tun.

Mit diesem Empfehlungsschreiben bin ich nach Colombo gefahren, was eine lange Busreise erforderte, die mir genauso gefährlich erschien wie die Busfahrten in Südamerika.

Ich stellte mich also bei dem Ehrw. Narada vor. Er legte ein Datum für meine Ordination fest: ein Tag im Juli 1979.

Dann sagte er mir, was ich auf Pali zu lernen hatte und drückte mir das entsprechende Buch in die Hand. Ich konnte das bereits. Es war nicht viel, was ich noch auswendig lernen mußte.

Er nannte mir außerdem eine Adresse, wo man mir die Nonnenrobe schneidern würde. Man konnte sie nicht fertig kaufen.

Das Nonnenkleid, das mir eine Schneiderin aus gelbem Baumwollstoff anfertigte, bestand aus einem Sarong, einem Rock, der mit einem Gürtel gehalten wird, und einem kleinen Jäckchen. Darüber kam ein weiter Überwurf, so wie ich ihn jetzt trage, dem deutschen Klima angepaßt aus brauner Wolle.

Der Stoff für meine damalige Robe war aus der dünnsten Baumwolle, die man nur finden konnte. Die Hitze in Sri Lanka ist ja oft unerträglich.

Der Ehrw. Narada fragte mich, ob ich als Nonne den Namen Dhammadinna oder Khema tragen wolle. Ich entschied mich schnell. Khema hatte nur zwei Silben, das war für Menschen aus dem Westen leichter zu merken.

Später, nachdem ich sehr viel gelesen und gelernt hatte, fand ich heraus, daß Khema zu Buddhas Zeiten eine Nonne gewesen war, die er «die Nonne mit der größten Weisheit» nannte.

Sie war ursprünglich die Frau eines Königs gewesen, eine sehr schöne Frau, die auch sehr stolz war auf ihre Schönheit. Eigentlich interessierte sie sich nicht für die Lehre des Buddha, der immer wieder über die Wertlosigkeit der körperlichen Schönheit sprach.

Dann ging sie aber doch einmal hin, um ihm zuzuhören. Der Buddha ließ für sie die Vision von einer Frau aufsteigen, die noch schöner war als sie. Und er ließ ihr Gesicht in dieser Vision älter werden und seine Schönheit verlieren, bis die Frau tot umfiel.

Da wurde der Königin Khema ganz klar, daß Schönheit allein nichts bedeutete. Sie wurde am nächsten Tag Nonne und später dann auch erleuchtet. Das also ist eine der berühmten Geschichten aus Buddhas Leben, von denen ich keine Ahnung hatte, als ich den Namen wählte.

Die Mönche tragen vor ihren Namen Bezeichnungen wie Phra oder Tan oder Ajahn. Vor meinem steht «Ayya». Ayya ist das Paliwort, mit dem die Nonnen zur Zeit des Buddha benannt wurden. Es heißt «Ehrwürdige Dame». Alle westlichen Theravada-Nonnen, die nach mir ordiniert worden sind, haben sich «Ayya» genannt.

So wurde ich Ayya Khema.

Bevor ich zur Ordination in den Tempel ging, wurden mir von einer älteren Nonne die Haare geschoren. Ich hatte zu dieser Zeit ganz lange, sehr volle schwarze Haare. Die Zeremonie schreibt vor, daß man das erste Büschel Haar, nachdem es heruntergefallen ist, in die Hand nimmt, während der Kopf kahl geschoren wird.

Man schaut sich die Haare in der Hand an und denkt daran, daß noch vor einer Sekunde dieses Haar «mein» war. Und jetzt ist es nichts weiter als etwas, das man in den Mülleimer wirft. Ich weiß noch genau, daß ich dabei nichts empfunden habe. Kein Bedauern, nichts.

Das war der Anfang. In meiner gelben Robe begab ich mich über den Tempelhof zum Tempel. Ich dachte, ich sähe nicht richtig: Der ganze Tempelhof und die ganze Halle waren voll von Menschen, zwischen sechs- und siebenhundert Personen.

Ich fragte den Ehrw. Narada, was sie hier alle machten. Er sagte: «Ich habe sie alle eingeladen.» Alle, die er kannte, alle, die kommen wollten, alle, die Englisch sprachen. Ich bekam einen solchen Schreck, daß ich mein ganzes Pali vergaß. Ich wußte kein Wort mehr von dem, was ich sagen sollte.

Der Ehrw. Narada hat mir jedes Wort vorgesprochen, und ich habe jedes Wort wiederholt. Die Ordination geht ziemlich schnell, sie dauert keine zehn Minuten. Dann muß man sich vor dem Buddha, dem Lehrer und den anwesenden Mönchen verbeugen.

Danach kam eine Gruppe von ca. zwanzig weiß gekleideten kleinen Mädchen auf mich zu. Jedes brachte mir ein Geschenk: Zahnpasta, Zahnbürste, Handtücher, Waschlappen, ein Büchlein mit Sprüchen – ich war von all dem völlig überwältigt. Die kleinen Mädchen gratulierten mir, alle Gäste gratulierten. Das hat stundenlang gedauert. Ich habe unzählige Male «Dankeschön» gesagt.

Übrigens sagen Nonnen und Mönche in unserer Tradition eigentlich nicht «Dankeschön». Das habe ich mir aber nie abgewöhnen können. Ich war so erzogen, ich bedankte mich weiterhin. Der Grund, warum Nonnen und Mönche sich bei Laien, die ihnen etwas schenken, nicht bedanken sollen, ist der, daß es für den Laien ein besonders gutes Karma macht, wenn er einem Mönch oder einer Nonne etwas schenken kann. Also sagt der, der schenkt, «Dankeschön», nicht der Beschenkte.

Ich bedanke mich aber weiterhin für alles, was ich bekomme. Natürlich hatte ich als Ausländerin ein bißchen mehr Freiraum. Ich mußte nicht jede Kleinigkeit genauso streng beachten, wie das von alters her gemacht wird.

Am Ende der Gratulationsrunde stand ich auf, und da kam ein westlicher Mönch auf mich zu. Sumedha hieß er und war ein berühmter Maler in der Schweiz gewesen, bevor er Mönch wurde und nach Sri Lanka ging. Er sagte: «Bis jetzt hast du ein Verhältnis gehabt, jetzt bist du verheiratet.»

Ich wußte, er meinte meine Verbindung zur Lehre des Buddha. Ich fand das eine sehr gute Art, mein Nonne-Sein zu beschreiben. Jetzt war es meine ausschließliche Lebensaufgabe. In diesem Moment wurde mir auch klar, daß ich mein Nonnen-Dasein professionell gestalten wollte.

Das bedeutete, die Lehren des Buddha nicht nur zu lesen, sondern sie teilweise auswendig zu lernen und dann Schritt für Schritt zu praktizieren.

Daraus ist dann eine Lehrtätigkeit entstanden, die mich in alle Erdteile geführt hat. Heute gibt es tausende von Schülern, die meine persönlichen Erfahrungen durch Kurse, Bücher und Kassetten als Lebenshilfe vermittelt bekommen.

Das Zölibat, das völlige Freisein für diese Aufgabe, ist die wichtigste Regel für das Klosterleben. Für Novizennonnen, wie ich es war, gibt es im ganzen zehn Tugendregeln. Sie bestehen aus den gleichen fünf Regeln, die ich anfangs von Phra Khantipalo gehört hatte, nur, daß die dritte sich in die Verpflichtung zum Zölibat verwandelt.

Dazu kommen dann noch:

6. Nicht zur falschen Zeit essen.
7. Nicht tanzen, singen und zu Vorführungen gehen.
8. Kein Parfum, keinen Schmuck, keine Kosmetik benutzen.
9. Keine luxuriösen Betten benutzen.
10. Keine persönlichen Geschäfte zum Zweck des persönlichen Gewinns tätigen.

Novizennonnen gibt es erst seit Beginn dieses Jahrhunderts in Sri Lanka. Um das zu erklären, muß ich ein wenig ausholen: Traditionell ist eine Nonne nur dann voll ordiniert, wenn sie von voll ordinierten Mönchen und Nonnen aufgenommen wird. Man erhält dann den Status einer Bhikkhuni.

Der Orden der Bhikkhunis ist in Sri Lanka seit eintausend Jahren ausgestorben. Keiner weiß, warum. Es gab Tausende von Nonnen, die in den alten Chroniken erwähnt sind. Sie lebten in großen Klöstern. Dann auf einmal war alles vorbei. Weil zu jener Zeit zwischen Tamilen und Singhalesen auch schon Krieg herrschte, waren die Nonnen vielleicht am leichtesten verwundbar und sind getötet worden oder verhungert. Sie sind jedenfalls verschwunden. Es gab also keine voll ordinierten Nonnen mehr, und so konnte ich keine Bhikkhuni in Sri Lanka werden, sondern eben nur eine Novizennonne. Die volle Ordination habe ich später in Kalifornien nachgeholt.

Es gibt Nonnen in der Zen-Tradition, in der tibetischen Tradition und in der Theravada-Tradition. Ich bin eine Theravada-Nonne. Ich fühle mich in dieser Tradition am meisten heimisch.

Der Theravada-Buddhismus ist der fundamentale Buddhismus, der Ur-Buddhismus. Thailand und Sri Lanka, Burma und Kambodscha sind Theravada-Länder. Es ist das Ursprüngliche dieser Lehre gewesen, das mich von Anfang an faszinierte.

Nach meiner Ordination ging ich in ein Meditationskloster, eine halbe Stunde von Colombo entfernt, nach Kanduboda. Ich hatte das Bedürfnis nach Ruhe. Dort zog ich in eine kleine Zelle ein, mit Bett, Stuhl und Nachttisch. Wir hatten elektrisches Licht und eine Gemeinschaftsdusche. Um vier Uhr morgens wurde aufgestanden. Bei der Hitze in Sri Lanka ist es ganz einfach, um vier Uhr aufzustehen. Es ist eine schöne, kühle Stunde, und der Himmel wird schon hell.

Ich erinnere mich an meinen ersten Morgen. Während der Meditation kam in mir ein Bild hoch. Da stand eine Nonne, sie sah aus wie eine Singhalesin, und ich wußte, das bin ich. Ich stand hinter einer Stupa und wartete. Ganz offensichtlich war ich verabredet, und zwar mit einem Mönch, der auch kam. Es war eine große Stupa im Dschungel, ich sah alle Einzelheiten ganz genau.

Es handelte sich um eine Situation, aus der ich folgern konnte, daß ich aufgehört hatte, Nonne zu sein. Und nun war ich im Begriff, fortzusetzen, was ich schon einmal, in einem früheren Leben, angefangen hatte.

Die Vision war sehr stark. Eines Tages erzählte ich sie dem Abt dieses Klosters. Ich beschrieb die Stupa: Er sagte: «Die kannst du dir ansehen. Sie steht im Wald in der Nähe von Anuradhapura. Nach deiner Beschreibung findest du sie leicht.» Ich fand sie tatsächlich. Sie sah genauso aus, wie ich sie während der Meditation gesehen hatte, in allen Einzelheiten.

Es gefiel mir in meiner Zelle. Ich konnte dort sehr gut meditieren. Eines Tages besuchte mich eine Frau. Sie bat mich, zu einer Konferenz singhalesischer Nonnen zu kommen und ihnen zu helfen, sich zu organisieren.

Ich war gern dazu bereit, aber ich war doch erst ein paar Tage lang Nonne, was hatte ich dort zu sagen?

Es fehle, sagte meine Besucherin, an der Fähigkeit, sich zu organisieren. Es sei dringend notwendig, eine Institution zu schaffen, um dem Nonnenorden mehr Gewicht zu verleihen. Für eine bessere Ausbildung zu sorgen, für angemessene Unterkünfte. Bisher seien die Nonnen überall nur das fünfte Rad am Wagen.

Ich nahm an dieser Konferenz teil. Nur eine einzige unter den anwesenden Frauen konnte Englisch. Mit ihrer Hilfe gab ich meine Ratschläge. Ich weiß nicht, ob dabei etwas herausgekommen ist. Aber ich sah, daß es eine wichtige Aufgabe war, den Nonnen dort zur Seite zu stehen mit dem, was wir westlichen Menschen «Know-how» nennen.

In einem anderen Fall ist mir das gelungen. Durch eine sehr hilfreiche Dame, die heute eine Freundin von mir ist, lernte ich ein Kloster in Madiwela, einem Vorort von Colombo, kennen. Kloster ist dafür eine etwas großspurige Bezeichnung. Die Nonnen hatten nur ein winziges Haus, nicht einmal eine Küche.

Dort trug ich durch Spenden dazu bei, eine große Halle zu bauen, in der die Nonnen meditieren konnten, mit Platz für eine Bibliothek und zwei Schlafzimmer. Eines davon bezog ich. Wir bauten eine Küche – das heißt, die Arbeit verrichteten singhalesische Bauarbeiter, die kein Wort Englisch konnten. Es kostete unglaubliche Nerven, sie anzuleiten.

Wir sorgten dafür, daß Lehrer in die Halle kamen, welche als Studienhalle benützt werden konnte. An die Halle wurde eine Plakette mit meinem Namen montiert, und es gab einen wunderschönen Einweihungstag mit viel Gesang von kleinen Schulmädchen und mit vielen Nonnen, die kamen. Ich lebte dort eine Weile. Jeden zweiten Sonntag richtete ich Meditationstage für die englischsprechende Bevölkerung ein. Sie kamen in Scharen, es war immer voll.

Ich erklärte, wie man meditiert und warum man es tut. Die Leute brachten ihr Mittagessen mit, dann kochten die Nonnen Tee und servierten. Dadurch schloß ich sehr viele Freundschaften mit singhalesischen Frauen, die auch heute noch zum Teil bestehen. Manche schreiben mir einmal im Jahr, manche öfter.

Zu der Zeit meiner Ordination war ich schon Großmutter. Mein erstes Enkelkind, Matthew, der Sohn meiner Tochter, wurde 1973 geboren. Jeffrey war zur Zeit meiner Ordination mit der Universität fertig und lebte schon mit Susan zusammen, die er später geheiratet hat. In meiner Anfangszeit als Nonne hatte er seine erste Anstellung in England bekommen, als Computer-Spezialist an der Universität von Norfolk.

Als ich Sri Lanka wieder verließ, um nach Australien zurückzukehren, besuchte ich ihn in Norfolk. Wenn man schon im Flugzeug sitzt, machen Entfernungen ja nicht so viel aus.

Auf der Rückreise machte ich in Indien halt, weil ich in Bombay Sri Nisargadatta Maharaj, den Weisen mit dem kleinen Zigarettenladen, besuchen wollte. Ich hatte gehört, daß seine Belehrungen sehr hilfreich seien. Seine Adresse hatte ich zwar, aber er war nicht einfach zu finden.

Endlich kam ich in eine Straße, wo jeder Bewohner sofort ungefragt auf ein kleines, baufälliges Haus zeigte, in dem unten ein offener Laden war, Zigaretten und Süßigkeiten gab es dort.

Wortlos zeigte eine Frau mit der Hand die Stiege hinauf in den ersten Stock. In einem kleinen Raum, zum Brechen voll mit westlichen Besuchern, saß Nisargadatta Maharaj auf einem kleinen Podium mit zwei Übersetzern an seiner Seite. Ich hatte kaum ein Plätzchen auf dem Fußboden ergattert, als Sri Nisargadatta anfing, mich auszufragen.

Das war mir peinlich. Ich war gekommen, um seinen weisen Worten zu lauschen und wollte vor den vielen Menschen nicht über mich sprechen. Aber er ließ mir

Mit Phra Khantipalo im Wat Buddha Dhamma in Australien.

keine Ruhe, fragte mich nach Namen und Herkunft, nach Lehrern und spiritueller Praxis und sagte am Ende, ich sei auf dem richtigen Weg, aber noch nicht erleuchtet.

Später erfuhr ich, daß er es mit Neuankömmlingen immer so hielt. Ich besuchte ihn eine Woche lang und fand es schwierig, den Ausführungen zu folgen. Im nachhinein möchte ich sagen, er war sich seiner Sache so sicher und ihr so hingegeben, daß es nicht schwer war, ihn als Erleuchteten zu sehen. Drei Jahre nach meinem Besuch starb er. Er war bereits über 80.

Zurück im Waldkloster in Australien half ich Phra Khantipalo in gewohnter Weise beim Lehren und Organisieren. Eine Begebenheit in Wat Buddha Dhamma war von besonderer Bedeutung für mich. Es war ein Vollmond-

Abend, und wie es der Brauch ist, wollten wir die Nacht hindurch meditieren. Als ich so in der Meditationshalle saß, wurde ich müder und müder, und es wurde mir immer langweiliger. Wir hatten schon vier Stunden dort gesessen, hatten rezitiert, einen Vortrag von Phra Khantipalo gehört, und nun war es nach Mitternacht.

Da erinnerte ich mich daran, was ich über die meditativen Vertiefungen in des Buddhas Lehrreden gelesen hatte. Ich hatte die ersten feinkörperlichen, die Entzücken, Freude und Ruhe bringen, schon geübt, und sie waren mir recht geläufig. Aber ich hatte noch nie die formlosen Vertiefungen erlebt, und es gab auch nirgends jemanden, der sie erklären oder lehren konnte.

Da dachte ich mir, daß ich einfach einmal versuchen sollte, den «unendlichen Raum», das «unendliche Bewußtsein», «das Nichtsheitgebiet» und «Weder Wahrnehmung noch Nicht-Wahrnehmung» in mir zu verwirklichen. Und siehe da, meine bereits vorhandene Konzentration genügte, um diese Bewußtseinsebenen zu erleben. Nun war es mit meiner großen Müdigkeit und Langeweile vorbei, und ich blieb glücklich in der Meditationshalle sitzen – bis 6 Uhr früh.

Auf diese Weise meditierte ich dann, bis ich 1983 dem Ven. Naññarama begegnete, der mir bestätigte, daß ich korrekt geübt hatte, und mich bat, diese Art der Meditation im Westen zu lehren.

Es zog mich nach Sri Lanka zurück. Ich sah ein großes Aufgabenfeld. Ich wollte den einheimischen Nonnen sozusagen auf die Beine helfen, sie unterstützen, ihnen Ideen geben, wie sie aus dem Schatten, in dem sie lebten, heraustreten konnten. Die Frauen, die ich in Madiwela kennengelernt hatte, wollten mir dabei helfen.

Eines Tages wurde ich nach Polgasduwa eingeladen. Das ist eine Insel im Ratgama-See im Süden des Landes, auf der Mönche leben. Der Ehrw. Nyanatiloka, der erste deutsche buddhistische Mönch, hatte dieses Inselkloster 1911 gegründet. Er war dort Abt. Der Ehrw. Nyanaponika war sein Schüler. Auch ein anderer berühmter Mönch, Lama Govinda – ebenfalls Deutscher – lebte hier einige Zeit. Fast alle westlichen Mönche in Sri Lanka fanden in diesem Kloster ihren Aufenthalt.

Das Klima dort ist sehr, sehr heiß, aber das Kloster existiert noch heute, und westliche Mönche sind immer zu finden.

Der Abt zeigte sich bei meinem Besuch interessiert daran, einen Meditationskurs für seine Mönche zu veranstalten. Er wollte den Kurs nicht selber geben, ich sollte das übernehmen.

Es stellte sich allerdings heraus, daß inzwischen den Mönchen verboten worden war, einer Nonne zuzuhören. Eine Nonne durfte Mönche nicht belehren. Also konnten nur Laien an meinem Kurs teilnehmen. Aber meine Vorträge wurden auf Kassetten aufgenommen, und die Kassetten durften sich die Mönche dann anhören.

Die Laien, die ich unterrichtete, waren «Dayakas» – das ist das singhalesische Wort für Gönner und Unterstützer, die sich mit Geld, Nahrungszuwendungen und medizinischer Hilfe um ein Kloster und seine Bewohner kümmern.

Zu diesem Kreis gehörte ein Mr. Arthur de Silva, der mit seiner Frau zusammen ein Gasthaus direkt gegenüber der Insel auf dem Festland besaß. Es war ein sehr, sehr liebenswürdiges Ehepaar. Beide leben heute nicht mehr.

Eines Tages trug Arthur de Silva einen Gedanken an mich heran, den ich kurz zuvor selbst gehabt hatte. Ich hatte gesehen, daß es in der Nähe der Mönchsinsel noch eine Insel in diesem See gab. Ich dachte, wenn hier Mönche wohnen, dann konnten doch dort Nonnen wohnen.

Arthur de Silva fragte mich also, was ich denn davon hielte, auf der zweiten Insel ein Nonnenkloster zu bauen. Ich fragte ihn: «Meinen Sie, ich sollte dann in diesem Kloster sein?» Er sagte: «Natürlich. Ich übernehme den Entwurf der Gebäude, die Anstellung und Überwachung der Arbeiter und besorge das Material, ich versuche auch, Spenden zu bekommen.»

So begann unsere Zusammenarbeit, die bis zu seinem Tod 1989 Früchte trug und uns beide beglückte.

Auch den, der Gutes hat bewirkt,
Von hier zur nächsten Welt gelangt,
Empfangen seine guten Werke
Wie Vettern ihren lieben Gast.

Dhammapada, Vers 220

Die Nonneninsel

Ich möchte einem Mann eine Art Denkmal setzen, ohne den der Plan, auf der Insel ein Nonnenkloster zu erbauen, nie verwirklicht worden wäre: Arthur de Silva aus Dodanduwa.

Einem Menschen wie Arthur de Silva begegnet man selten. Er war Singhalese mit fernen portugiesischen Vorfahren, sprach perfekt Englisch und gab alle Kraft, die ihm zur Verfügung stand, für den Bau des Klosters. Er sagte mir, daß er im Augenblick seines Todes mit seinem Leben zufrieden sein werde, weil er dazu beitragen konnte, die Nonneninsel ins Leben zu rufen.

Er hat jeden Nagel, jede Schraube gekauft und mit einem Boot, das er aus einem Riesenbaumstamm bauen ließ, vom Festland zur Insel transportiert. Er hat die Arbeiter engagiert und sich die ganze Zeit darum gekümmert, daß sie ordentlich arbeiteten und kein Material verschwendeten. Wer sich in Asien auskennt, weiß, wie schwierig so ein Unterfangen ist.

Ich war während der Bauzeit meistens unterwegs, um an allen möglichen Orten in Australien, Südafrika, Indonesien, Amerika und erstmals in Deutschland Vorträge und Kurse zu halten. Die Spenden, die ich bekam, schickte ich alle an Arthur de Silva.

Aus meiner Zeit auf Bali möchte ich die Geschichte einer schicksalhaften Begegnung einfügen. Es gibt dort einen wunderschönen buddhistischen Tempel. Dort lebte ein Mönch, der mich fragte, ob ich nicht einen Kurs für Touristen halten wolle. Es kämen ja viele interessierte Leute hierher.

Ich willigte ein, er hat überall Zettel ausgehängt, und dann kamen tatsächlich sieben Leute. Fünf Deutsche und zwei Amerikaner.

Der Tempel war herrlich. Seine Holztüren waren mit Szenen aus dem Leben des Buddha verziert. Springbrunnen, sagenhafte Steinfiguren, tropische Blumen ringsum, und innen eine der eindrucksvollsten Buddhastatuen, die ich kannte.

Ich lehrte auf englisch, sieben Tage lang. Am zweiten Tag sah ich mir einen der Teilnehmer näher an und hatte das Gefühl, daß er kein Wort verstanden hatte. Er war Deutscher und hieß Charlie, das wußte ich.

Ich fragte ihn, ob er denn verstehen könne, was ich sage. «Nö», gab er zu. Er könne kein Englisch. Da habe ich dann frühmorgens den Vortrag auf englisch und abends auf deutsch gehalten. Ich erinnere mich, daß es mir in dieser Woche gesundheitlich sehr schlecht ging. Ich hatte irgendeinen Infekt und konnte weder essen noch trinken. Aber ich wollte die Anwesenden nicht enttäuschen und den Kurs weiterführen, schließlich freute ich mich über ihr Interesse.

Charlie und sein Freund waren besonders aufmerksame und interessierte Schüler. Die anderen blieben auch mal einen Tag weg. Charlie und Norbert waren immer da. Als die beiden Amerikaner frühzeitig abreisten, ging der Kurs auf deutsch weiter.

Die Begegnung mit Charlie und Norbert hatte Bedeutung für mein weiteres Leben. Norbert war der Bruder des Mönchs Nyanabodhi, der hier von Anfang an bei uns im Buddha-Haus im Allgäu lebte. Unter seinem bürgerlichen Namen Roland habe ich ihn durch Norbert kennengelernt.

Ohne die beiden Brüder und ohne Charlie gäbe es unser Buddha-Haus gar nicht. Sie waren es in erster Linie, die mich baten, von Sri Lanka nach Deutschland zu kommen. Sie halfen hier beim Aufbau mit, und sowohl Norbert als auch Charlie lehren nun selbst in unserem Stadtzentrum in München; Nyanabodhi ist Abt unseres Waldklosters.

Aber nun zurück zu dem Nonnenkloster und zu Arthur de Silva. Bis auf den letzten Pfennig rechnete er alles, was ich an ihn überwies, ab. Ich wollte das gar nicht so genau kontrollieren, ich vertraute ihm völlig. Aber er bestand darauf. Er war äußerst gewissenhaft und legte Wert darauf, daß wir alles präzise abrechneten. Von Beruf war er Ingenieur. Er konnte alle Baupläne selbst entwerfen, und natürlich konnte er sich, im Gegensatz zu mir, mit den Bauarbeitern in ihrer Muttersprache verständigen.

Vom ersten Moment unserer Bekanntschaft an unterhielten wir uns miteinander, als ob wir uns schon ein Leben lang kennen würden. Es fiel sogar den Gästen der Nonneninsel auf, wie vertraut wir miteinander sprachen. Wir dachten, es sei wohl eine Verbindung aus einem früheren Leben.

Der Felsen in meiner Kuti wird Meditationssitz.

Sechs Kutis wurden auf dem Inselgelände errichetet, Hütten für die Nonnen. Es waren sehr hübsche «Hütten»: ein großes Zimmer jeweils, ein Bad, ein kleiner Garten und eine Mauer drumherum. Den Eingang beschützte ein Vordach, damit man in der Regenzeit nicht gleich tropfnaß wurde, wenn man vor die Tür trat.

An einer abgelegenen Stelle der Insel hatte ich mir einen Lieblingsplatz ausgesucht. Dort sollte meine Kuti stehen. Auf der Erde lag ein großer flacher Felsen. Meine Hütte sollte um diesen Felsen herumgebaut werden, er sollte mein Sitz sein, wenn ich meditierte. Und genauso geschah es.

Eine Meditationshalle entstand, die nach allen Seiten offen war, weil es dort ja so heiß ist.

Und dann ließ Arthur de Silva mich wissen: «Jetzt könnt ihr kommen!» Ich flog von Australien, wo ich mich gerade aufhielt, nach Sri Lanka. Die ersten Frauen, die mit mir in das Kloster kamen, waren einige meiner deutschen Schülerinnen.

Es war dort noch lange nicht alles fertig. Wir hatten noch keine Küche und auch keinen Speisesaal. Also kochten wir im Freien auf kleinen Kochapparaten, die uns ziemliche technische Schwierigkeiten bereiteten. Wir aßen auch im Freien.

Um uns herum gingen die Bauarbeiten weiter. Ein großes Haus mit Küche, Speisezimmer, Bibliothek, kleiner Vorhalle und einem Vorratsraum, in dem die Köchin schlafen konnte, entstand. Um das Haus herum führte im Kolonialstil eine schattige Veranda. So sieht es dort heute noch aus.

Wir stellten Blumentöpfe auf die Veranda, es war wunderhübsch. Als letztes i-Tüpfelchen ließ ich noch einen Lotusteich anlegen. Ich liebe die Lotusblume. Hier in Deutschland ist es die Seerose, die ich an ihre Stelle setze. Beide kommen aus derselben Familie und sehen sich ziemlich ähnlich. Die Lotusblume hat eine enge symbolische Verbindung zum Buddha. Seine Statuen sitzen oft auf einer stilisiert dargestellten Lotusblume, denn sie ist ein Symbol der Reinheit und Unantastbarkeit.

Die Blätter der Lotusblume haben nämlich die Eigenschaft, das Wasser von sich abrollen zu lassen wie Perlen, so daß sie niemals durchnäßt werden. Außerdem sind sie ein Gleichnis für das spirituelle Wachstum des Menschen. Sie erheben sich aus dem Schlamm, Blüten und Blätter ragen heraus, unberührt von jeglicher Unreinheit.

Nach den deutschen Frauen kam eine Singhalesin in unser Kloster. Während der Jahre, die ich dort gewesen bin, war sie meine Schülerin. Sie wurde dann auf der Insel ordiniert. Zu diesem Zweck rief ich die Mönche von der Nachbarinsel. Außerdem lud ich die Leute der Umgebung zu der Feier ein. Es kamen mehr als zweitausend Menschen. So viele hatte ich nicht erwartet. Ich dachte, die ganze Insel würde unter ihrem Gewicht im See versinken. Das tat sie aber glücklicherweise nicht. Natürlich waren auch kleine Mädchen in weißen Kleidern mit Geschenken da.

Diese Nonne ist jetzt als meine Nachfolgerin die Äbtissin des Klosters. Sie macht ihre Sache sehr gut. Ich bin froh, daß sowohl das Kloster in Australien, das ich mit Phra Khantipalo gegründet habe, als auch das Frauenkloster in Sri Lanka ohne meine Gegenwart weiter existieren.

Das ist ja auch mein Bestreben hier im Allgäuer Buddha-Haus: daß es ohne mich eine Stätte der Begegnung zu Ehren des Buddha bleibt. Ich weiß ja nicht, wie lange ich noch am Leben sein werde. Jemand sagte zu mir, es wäre doch besser, ich bliebe noch ein bißchen.

Am Anfang waren wir nur ein paar Frauen auf der Insel, aber dann bekamen wir mehr und mehr Zulauf. Da ich im Ausland gelehrte hatte, war ich etwas bekannt geworden. Die Geschichte von meinem Kloster in Sri Lanka sprach sich herum.

Wir bauten ein Gästehaus mit sechs Zimmern für je zwei Personen. Notfalls konnten wir ein drittes Bett darin aufstellen. Es gab also Platz für achtzehn Personen.

In den sechs Kutis wohnten drei Nonnen und ich, zwei standen ebenfalls zur Verfügung für die Frauen, die uns aufsuchten, um etwas über die Lehre des Buddha zu erfahren.

Manche der Frauen, vor allem die deutschen, blieben eineinhalb Jahre. Andere kamen nur für ein paar Tage. Dem habe ich bald einen Riegel vorgeschoben, indem ich das Minimum eines Gastaufenthalts auf drei Monate festlegte. Es war sonst nämlich wie in einem Taubenschlag: rein, raus. Das konnten wir nicht verkraften. Mit Kurzbesuchern kann man auch nicht systematisch arbeiten.

Wir hatten ein rigoroses Pensum, trotz der Hitze. Aber gerade bei diesen Temperaturen mußte man etwas unternehmen, sonst hielt man es gar nicht aus. Wir standen um vier Uhr auf, rezitierten erst im Sprechgesang die traditionellen Texte auf Pali und Englisch, meditierten dann, und anschließend gab es Frühstück. Ich hatte immer eine Köchin da, die es uns servierte, aber jeden Tag mußte auch eine der Besucherinnen dabei helfen.

Am Vormittag wurde gearbeitet. Wir gaben ein Mitteilungsblatt heraus, das zu verschicken war. Außerdem mußte natürlich saubergemacht werden, die Blumen mußten gegossen und das Unkraut gezupft werden. Die Bibliothek ordnen, Bücher einschlagen, Briefe schreiben – es gab immer genug zu tun, und bei der Hitze fällt jeder Handgriff schwer. Dann gab es Mittagessen. Danach lehrte ich eine Stunde lang die Ordensregeln, die Vinaya.

Die Frauen, die bei uns waren, wurden Anagarikas genannt, das heißt, sie waren sozusagen Nonnen auf Zeit. Auch wenn sie das Kloster wieder verlassen würden, waren die Regeln für sie von Interesse.

Ich versuchte, die Vinaya etwas interessant zu gestalten, indem ich zwischen den Regeln die Geschichten einflocht, die eine Erklärung dafür waren, warum der Buddha diese Regel gegeben hatte.

Am Anfang, als er Nonnen und Mönche ordinierte, gab es nämlich überhaupt keine Regeln. Es waren alles Erleuchtete, die keiner Anweisungen bedurften. Erst später, als Tausende dazu kamen, mußte es feste Regeln geben.

Am Nachmittag konnte jede machen, was sie wollte: sich ausruhen, sich unter einen Baum setzen und meditieren, lesen oder schreiben.

Am Abend habe ich dann einen Dhamma-Vortrag gehalten. Aus diesen Vorträgen entstanden drei Büchlein. Das erste hieß «Sei dir selbst eine Insel» – «Be an Island on to Yourself». Es war auf englisch, denn dort lehrte ich ja auch auf englisch. Mit Spendengeldern habe ich es drucken lassen und kostenlos verteilt. Es war mein erstes Buch, und es wird heute noch immer aufgelegt, auch hier in Deutschland. Natürlich kann ich es hier nicht mehr umsonst verteilen, weil die Druckkosten zu hoch sind. Inzwischen sind 25 Bücher aus meinen Vorträgen entstanden. Es gibt sie auf deutsch und englisch, und sie sind in sieben Sprachen übersetzt worden.

An diesen Tagesablauf haben wir uns strikt gehalten. Wenn zwanzig Frauen, und manchmal mehr, zusammenleben, muß ein geregeltes Programm eingehalten werden. Mit den verschiedenen Charakteren und Ansichten fertig zu werden, war sowieso nicht so einfach.

Die meisten waren aus westlichen Ländern. Singhalesinnen, die zu uns kamen, wurden oft mit den westlichen Gepflogenheiten nicht einig. Die Kulturen sind ja völlig unterschiedlich.

Arthur de Silva war unser Schutzengel und weiterhin meine größte Hilfe. Bei ihm trafen alle Neuankömmlinge ein. Er besorgte das Boot, mit dem sie auf die Insel gefahren wurden. Er hörte Beschwerden an und erfüllte Wünsche, soweit es möglich war. Als Jeffrey und seine Frau Susan mich auf der Nonneninsel besuchten, wohnten sie bei Herrn und Frau de Silva und wurden von ihnen richtig verwöhnt.

Mein Meditationssitz – ein großer Felsen – auf der Nonneninsel Parappuduwa.

Der Abt des Mönchsklosters auf der Nachbarinsel sorgte für uns wie ein Vater. Jeden Tag legte er mit seinem Boot bei uns an und fragte, ob wir etwas brauchen. Er brachte uns Bananen und Kokosnüsse, anderes Obst, Gemüse und Reis – alles, was Wohltäter auf die Mönchsinsel gebracht hatten und was dort im Überfluß vorhanden war.

Zu unserem Leben gehörte auch Pindapat, die «Almosenrunde». Dieser Brauch wurde seit den Lebzeiten des Buddha von Mönchen und Nonnen eingehalten. Er wird in den thailändischen Waldklöstern viel praktiziert, war aber in Sri Lanka ziemlich in Vergessenheit geraten. Vielleicht deshalb, weil es sich dabei um eine körperlich recht anstrengende Sache handelt.

Wir fuhren einmal wöchentlich mit dem Boot zum Festland und gingen – die Nonnen voran, die weißgekleideten Anagarikas hinterher – ins Dorf. Vor jedem Haus, in dem

Mit mehreren Nonnen auf Pindapat (Almosenrunde) barfuß in Dodanduwa, dem größten Dorf in der Nähe des Klosters.

jemand andeutete, daß etwas in unsere Almosenschalen gegeben werden sollte, blieben wir stehen und hielten den Bewohnern unsere Schalen entgegen. Oft bekamen wir soviel Reis, daß die Anagarikas uns helfen mußten, indem sie einen oder zwei Eimer füllten und diese für uns trugen.

Als wir das erste Mal gingen, kamen viele Frauen aus ihren Häusern, vor allem alte Frauen, aber auch jüngere Jahrgänge, um uns Essen in unsere Schalen zu geben. Sie hatten Tränen in den Augen und sagten uns, wie dankbar sie seien, daß wir ihnen die Gelegenheit boten, Nonnen Almosen zu geben.

Als Frauen bedeutete es für sie die engste Verbindung zu der Lehre des Buddha, persönlichen Kontakt zu einer Nonne zu haben. Deswegen vor allem habe ich den Brauch wieder aufleben lassen. Wir sind aber bewußt nicht jeden Tag gegangen. Die Bevölkerung dort ist sehr arm; die Menschen sollten nicht täglich ihr Essen, und noch dazu das Beste, was sie hatten, mit uns teilen.

Um unseren See herum lagen vier Dörfer. Wir besuchten sie abwechselnd, so daß jedes Dorf zwölf Tage im Jahr drankam. Das, dachte ich, wäre nicht zuviel, und sie waren so glücklich, uns zu sehen und zu beschenken.

Traditionell wird Pindapat barfuß gegangen. Manchmal, auf dem heißen schwarzen Teer der Straße, wo die Füße brannten oder auf den heißen Kieselsteinen in den Dörfern, war dies nicht einfach.

Ich wollte, daß wir von den einheimischen Menschen nicht nur akzeptiert wurden, sondern auch etwas Glück in ihr arbeitsreiches und schwieriges Leben brachten.

Dazu stattete ich dann dem Dorf, in dem wir uns einen Monat lang das Essen geholt hatten, am letzten Sonntag zusammen mit unserer singhalesischen Nonne einen Besuch ab und hielt einen Dhamma-Vortrag, den sie übersetzte.

Wir machten das auf alte Weise wie zu den Zeiten des Buddha. Wir setzten uns unter einen großen Baum und warteten auf unsere Zuhörer. Die Dorfbevölkerung kam in Scharen, mit Kind und Kegel. Es herrschte immer Lärm und viel Bewegung, weil kleine Kinder und natürlich auch Hunde dabei waren.

Ich sprach über ganz einfache Dinge. Wie man sich mit Nachbarn und Ehepartnern verträgt, zum Beispiel. Denn in diesen Dörfern wurde viel gestritten. Wir hörten das oft bis

Der Premier von Sri Lanka, Hon. Premadasa, besucht mich in meiner Kuti.

zur Insel. Die Versammlungen im Schatten des Baumes waren, glaube ich, eine gute Sache. Ich wollte mich dadurch auch für die Anerkennung und Unterstützung bedanken, die ich überall in Sri Lanka erfahren habe.

Eines Tages wurde uns mitgeteilt, daß der Premierminister von Sri Lanka uns besuchen und von mir Meditationsanleitungen haben wollte. Für diesen Besuch wurde ein Riesenaufwand getrieben. Die Straße, die durch das Dorf zum See führte, wurde neu mit Kieselsteinen belegt, überall wurden Fahnen angebracht, und seine Leibwache kam schon einen Tag vorher, um die Insel gründlichst zu untersuchen. Sie schauten hinter jeden Baum und Strauch, ob sich dort jemand versteckt hielt.

Dann kam der Hon. Premadasa mit seiner Frau und mehreren Begleitern auf die Insel, wo wir ihn am Bootshaus erwarteten.

Er ließ sich meine Kuti zeigen, und dann gingen wir in die Meditationshalle, um mit der Meditation zu beginnen. Er hatte die Absicht, zwei Tage zu bleiben.

Nachdem ich soviel wie möglich erklärt und wir 20 Minuten meditiert hatten, kam einer seiner Leibwächter mit großen Schritten in die Halle und bestellte, daß der Hon. Premadasa sofort nach Colombo zurückkehren müsse, da es eine Krise im Parlament gäbe. Ende der Meditationsanleitung und der Übung.

Einige Jahre später wurde der Hon. Premadasa zum Präsidenten von Sri Lanka gewählt, und nach kurzer Amtszeit von Terroristen durch eine Bombe ermordet.

Wenn ich nicht im Kloster war, hielt ich mich im Ausland auf, um Kurse und Lehrvorträge zu halten. Wir brauchten ja das Geld, das dadurch hereinkam, um die Insel zu erhalten. Nach einiger Zeit fand ich, daß es nun gut sein würde, mich ein wenig zurückzuziehen. Ich wollte ein dreimonatiges Retreat machen, für mich ganz allein.

Singhalesische Freunde von mir besaßen eine Bananenplantage im Dschungel. Darauf stand ein altes Haus, das zwar in furchtbarem Zustand war, aber gut genug, um dort unterzukommen. In diesem Haus habe ich drei Monate allein verbracht. Meine Freunde hatten mir einen Tamil-Diener zugewiesen. Er konnte kein Wort Englisch, ich konnte kein Wort Tamil, also herrschte «nobles Schweigen». Ich wußte nur das Wort für Wasser, das konnte ich ihm sagen.

Sie wollten mir auch eine Köchin mitgeben, aber das lehnte ich ab. Es wäre nur komplizierter geworden. Der Diener konnte ins Dorf gehen und mir Brot, Eier, Tomaten und Gurken holen. Das genügte wirklich vollkommen.

Ich brauchte nicht jeden Tag warmes Essen. Ich hatte auch jede Menge Tee, weil meine Freunde eine Teeplantage hatten, außerdem Bananen, Kokosnüsse und Ananas. Es war alles da.

Ich machte mir einen Stundenplan und meditierte viel. Einmal mußte ich mich nicht um das Wohlergehen anderer kümmern, was ich als «Urlaub» empfand.

Zu dieser Zeit kannte ich schon meinen wichtigsten Lehrer. Es war ein sehr alter singhalesischer Mönch, von dem mir einer der Mönche auf unserer Nonneninsel erzählt hatte. Keiner verstehe soviel von Meditation wie er.

In Sri Lanka war es zu dieser Zeit nicht üblich, die Meditation zu pflegen. Das hat sich inzwischen gerade unter den englischsprechenden Frauen verändert – wozu ich vielleicht auch etwas beigetragen habe.

Dieser alte Mönch, der Ven. Naññarama, war Abt eines Waldklosters mitten im Dschungel. Nach den Erzählungen, die über ihn im Umlauf waren, wollte ich ihn unbedingt kennenlernen. Das erste Mal besuchte ich ihn im Haus eines Wohltäters in Colombo. Er hielt sich dort auf, weil er krank gewesen war.

Dieser erste Besuch im Jahr 1983 ist mir unvergeßlich geblieben. Wir brauchten natürlich einen Übersetzer und fanden ihn in einem netten jungen Mönch, der Aufwärter für seinen Abt war und perfekt Englisch konnte.

Ich setzte mich vor den Ven. Naññarama auf den Boden und begann ihm von meinem Meditationserfahrungen zu erzählen. Ich hatte schon seit Jahren die meditativen Vertiefungen praktiziert, aber nie jemanden gefunden, mit dem ich sie besprechen konnte und der mir bestätigen konnte, daß ich den richtigen Weg eingeschlagen hatte. Hier sollte ich nun jemanden finden, der Bescheid wußte.

Nach einigen Minuten, in denen er interessiert zugehört hatte, fiel mir ein, daß er mich ja gar nicht kannte und ich ihm daher mitteilen müsse, daß ich schon seit 20 Jahren meditierte. Sonst dächte er vielleicht, ich hätte mir diese Meditationserfahrungen ausgedacht oder sie nur einmal zufällig erlebt.

Nachdem er meine Bemerkung über meine 20jährige Praxis übersetzt bekommen hatte, brach er in Gelächter aus und sagte irgend etwas zu dem jungen Mönch. Dieser wandte sich zu mir und übersetzte: «Ach was, 20 Jahre hat sie meditiert? Viel länger – wahrscheinlich 20 Leben!»

Ich berichtete ihm weiter. Als ich bei der achten Vertiefung ankam, wußte ich nicht recht, was ich darüber sagen sollte und erklärte, daß ich sie schnell einmal machen würde, um nichts Falsches zu erzählen. Ich konzentrierte also meinen Geist und ging von der ersten Vertiefung bis zur achten, Schritt für Schritt, aber in wenigen Minuten.

Nachdem ich die Augen wieder aufschlug, sah ich, wie mich Ven. Naññamara verwundert und wohlwollend betrachtete. Ich beschrieb dann, was ich in der achten Vertiefung erlebt hatte. Im Prinzip ist das herzlich wenig, da der Geist sich dort völlig ausruht.

Ven. Naññarama bestätigte mir, daß ich die Vertiefungen richtig praktiziert und beschrieben hatte. Dann sagte er, es sei meine Aufgabe, diese meditativen Vertiefungen im Westen zu lehren, vor allem auch darum, weil es sich dabei um eine verlorengegangene Kunst handle.

Ich habe mir seine Worte zu Herzen genommen und lehre sie nun schon seit vielen Jahren. Zuerst habe ich etwas gezögert, mit dieser einzigartigen Praxis an die Öffentlichkeit zu gehen, aber als ich merkte, daß immer mehr meiner Schülerinnen und Schüler in die Vertiefungen gelangten, erklärte ich sie immer genauer. Heute machen sie einen wichtigen Teil jedes Meditationskurses aus.

Später habe ich mich oft auf die sechsstündige Reise in sein Waldkloster begeben, um mit Ven. Naññarama zu reden, mich von ihm bestärken und anleiten zu lassen. Ich war immer herzlich willkommen, und auch er erinnerte sich an unser erstes Treffen, besonders an meine schnelle Meditation, um ihm über die achte Vertiefung zu berichten.

Er hat ein Buch geschrieben, das vom Singhalesischen ins Englische übersetzt worden ist. Kein sehr dickes Buch, in dem er den ganzen Weg der Buddha-Lehre beschreibt – vom Anfang bis zur Erleuchtung. Dieses Buch habe ich mir in den drei Monaten auf der Bananenplantage vorgenommen und studiert. Überall, wo ich eine Frage hatte, machte ich ein Kreuz.

Nach meinem Retreat meldete ich mich bei ihm und nahm das Buch noch einmal mit ihm Wort für Wort durch. Wir übersetzten das Buch dann auf deutsch. Es ist ein Teil der Festschrift zu meinem 70. Geburtstag.

Ven. Naññarama ist inzwischen im Alter von 91 Jahren gestorben.

Die drei Monate in der Einsamkeit waren für mich äußerst bedeutsam. Ich ging daraus sehr gestärkt hervor – bereit, meine Einsichten mit den Menschen zu teilen, die sie hören wollten.

Noch heute habe ich die Geräusche des Dschungels im Ohr: die Schreie der Affen und der Vögel. Und den Wind, der durch die Bananenblätter rauschte.

Es gab aber auch Zeiten, in denen vollkommene Ruhe herrschte, bei Morgengrauen und in der Dämmerung. Manchmal meditierte ich im Gehen. Ich spazierte durch den Dschungel, um die Natur als Teil von mir selbst zu beobachten. Schließlich sind wir ja nichts anderes als die Natur.

Ich lehre zum Beispiel eine Kontemplation der vier Elemente: Erde, Feuer, Wasser und Wind, die Grundelemente, aus denen wir bestehen und aus denen auch die Natur besteht. Und wenn man sich direkt inmitten der Elemente stellt, ohne jegliche Störung, so ist das eine gute Möglichkeit, sich vollkommen verbunden zu fühlen und zu erleben, daß wir nichts anderes sind als alles, was um uns herum existiert.

Unsere Insel wurde mit jedem Jahr schöner. Am Anfang war da der Dschungel mit Schlangen und Ratten. Wir legten Wege an und Gärten. Das Terrain war nicht sehr groß. Die ganze Insel war ungefähr einen halben Kilometer lang und einen Viertel Kilometer km breit. Es war vollkommen ausreichend, aber anfangs fiel es den meisten Frauen schwer, sich an ein Leben in dieser Abgeschiedenheit zu gewöhnen.

Wir mußten uns jedesmal in ein Boot setzen, um irgendwohin zu kommen. Zuerst hatten wir ein Ruderboot. Dann gab mir ein deutsches Ehepaar eine größere Spende für einen Außenbordmotor. Das war natürlich viel einfacher, aber wir mußten zuerst lernen, den Motor zu bedienen und zu warten.

Es war auch nicht leicht, eine Haushälterin und Köchin, die noch dazu Englisch sprach, zu bekommen. Die meisten waren auf der Insel nicht glücklich, so allein unter den Ausländerinnen. Schließlich fand ich eine, die bis zum Ende bei mir war und der es bei uns gut gefiel. Sie schrieb mir eine Zeitlang noch öfter Briefe hierher.

Das Leben auf unserer Insel war auf eine Art idyllisch, in gewisser Weise aber auch sehr hart: kochende Hitze, Moskitos, und eine Disziplin, auf die ich immer streng geachtet habe.

Ich weiß, daß fast alle, die dort hingekommen sind, davon profitierten. Eine von ihnen lebt zum Beispiel jetzt in Stuttgart und ist die Schriftführerin des Buddha-Haus Vereins. Eine andere, eine Holländerin, lebt in Wat Buddha Dhamma in Australien und ist dort Managerin. Ich habe sie auch zum Lehren autorisiert, was sie bestens kann und mit Liebe tut.

Ich treffe immer wieder Frauen, die bei mir auf der Insel waren. Manche haben später für mich in ihren Heimatorten Kurse organisiert. Zu lehren wurde immer mehr mein Leben.

Ich erinnere mich noch an den ersten Kurs, den ich in Österreich gegeben habe. Ich war gerade aus Sri Lanka gekommen. Sieben Interessenten hatten sich angemeldet. Ob ich den Kurs überhaupt halten wolle, wurde ich gefragt. Ich sagte: «Aber selbstverständlich.» Zum nächsten Kurs kamen dann schon fünfundzwanzig. In der Schweiz hielt ich einmal einen Vortrag vor zwölf Zuhörern.

Heute kommen zu meinen Vorträgen viele hundert Zuhörer. Aber so war eben der Anfang.

Ich lehrte in der Schweiz, England, Holland und Dänemark. Ich war in Südafrika, wo es ein sehr schönes buddhistisches Zentrum gibt, und natürlich auch immer wieder in Australien und den USA. Überall habe ich die Spenden, die ich bekam, für den Erhalt der Nonneninsel verwendet. Das funktionierte sehr gut.

1987 war ein interessantes Jahr für mich. Als erstes wurde ich vom Botschafter von Sri Lanka für die Vereinten Nationen eingeladen, einen Vortrag bei der UNO in New York zu halten. Von den kleineren Ländern kamen fast alle

Die erste Konferenz für buddhistische Nonnen findet 1987 in Bodh Gaya, Indien, statt. Der Dalai Lama ist der Schirmherr. Hier unterhält er sich mit mir über die Lage der Nonnen.

Vertreter, die größeren fehlten. Die USA und Rußland waren nicht vertreten. Zu der Zeit war der Eiserne Vorhang noch nicht gelüftet.

Ich sprach über Frieden im Herzen, um Frieden in die Welt zu bringen, und es gab auch eine ganze Menge Fragen hinterher.

Aber es schien doch so, als ob die Beteiligten dachten, Religion und Politik paßten nicht zusammen. Zu des Buddhas Zeiten lehrte er viele Könige und hohe Minister. Heute ist das noch sehr schwierig.

Am Ende bekam ich eine kleine Friedensmedaille geschenkt, was mich sehr freute.

Das zweite Ereignis in diesem Jahr war die International Conference on Buddhist Nuns in Bodh Gaya, Indien, mit dem Dalai Lama als Schirmherrn.

Es war das erste Mal, daß so etwas stattfand, und ich war eine von drei Organisatorinnen, zusammen mit einer amerikanischen Nonne aus der tibetischen Tradition und einer thailändischen Professorin.

Wir gründeten Sakyadhita (Töchter des Buddha) eine internationale Organisation für buddhistische Nonnen und Frauen, die seitdem fast jedes Jahr eine Konferenz abhält und Verbesserungen und Erleichterungen, vor allem für Nonnen aus Asien, erreicht hat.

Vor allem bietet diese Organisation Gelegenheit zum Austausch zwischen buddhistischen Frauen aus mehr als 30 Ländern. Wir lernen voneinander und miteinander. Eine ganz wichtige Funktion ist außerdem die Unterstützung von Frauen, die voll ordinierte Bhikkhunis werden wollen.

Das Jahr 1988 war durch ein besonderes Ereignis geprägt. Ich flog nach Kalifornien, um im Hsi-Lai-Tempel in Los Angeles an einer Bhikkhuni-Ordination teilzunehmen. Es war das erste Mal, daß so etwas im Westen möglich war, und dies sogar auf die traditionelle Art der doppelten Plattform, was bedeutete, daß wir von Nonnen und Mönchen ordiniert werden sollten.

250 chinesische Nonnen, 50 Mönche und 12 westliche Nonnen kamen zur Ordination. Der Hsi-Lai-Tempel ist im Stil des «verbotenen Palastes» in Peking gebaut, und viele der Zusammenkünfte fanden im inneren Tempelhof statt. Der Tempel selbst war gerade fertiggestellt und hatte 25 Millionen US-Dollar gekostet, so stand es auf einer Plakette an einer Wand.

Wir bekamen eine rigorose, fast militärische Ausbildung, fast alles auf chinesisch. Wir wurden sehr großzügig aufgenommen, brauchten für Wohnen, Essen und Kleidung nichts zu bezahlen. Am liebsten hätten sie die westlichen

Die Gelübde werden abgelegt (zweite von rechts).

Nonnen gleich dabehalten, da nur eine chinesische Nonne Englisch konnte und der Tempel zur Verbreitung der Lehre im Westen gedacht war. Die Übersetzung des Namens des Tempels lautet «Ost-West-Verbindung».

Nachdem wir vier Wochen täglich viele Stunden lang trainiert hatten, kam der große Tag der Ordination, der für die Nonnen Tag und Nacht war, weil wir ja zweimal ordiniert werden mußten. Einmal von zehn Mönchen, die alle schon über 30 Jahre lang Mönche waren, und einmal von zehn Bhikkhunis, die alle über 20 Jahre Bhikkhunis waren. Wir haben es alle erfolgreich absolviert, obwohl die westlichen Nonnen und Mönche oft nicht wußten, worum es sich handelte, weil es nicht übersetzt wurde. Aber das Wichtigste haben wir verstanden. Ich war froh, als es vorbei war, da mir alle Knochen wehtaten.

Eine Kuriosität ist mir im Gedächtnis geblieben. In China und natürlich auch in Taiwan müssen Nonnen und

Mönche Vegetarier sein. Jeden Tag gab es jedoch fabelhaftes Essen im Tempel. Einmal schien es Hühnchen, einmal Fisch, einmal Leber zu sein. Bis ich mir eines Tages ein Herz faßte und die englischsprechende Nonne fragte, wieso es denn hier nicht vegetarisch zugehe. Sie guckte mich erstaunt an und meinte: Aber es gibt doch nur vegetarisches Essen. Als ich ihr von dem Hühnchen und Fisch erzählte, war sie sehr belustigt. Sie erklärte mir, daß das alles aus Soja-Mehl hergestellt war und jeden Tag aus Taiwan eingeflogen wurde, da es das gleiche im Westen nicht gäbe.

Bevor ich zur Nonneninsel zurückflog, blieb ich noch etwas bei Irene, die ich schon wieder längere Zeit nicht gesehen hatte. Es war schön für uns beide, wieder beisammen zu sein. Von diesem Besuch ist mir auch eine Erinnerung geblieben.

Irene fragte mich, wieso ich denn Nonne sei. Sie könnte verstehen, Buddhistin zu sein, aber wieso denn Nonne? Da fragte ich sie, ob sie sich gut und beglückt fühle, wenn sie sonntags mit Ronny in die Kirche gehe. Sie sagte ja. Daraufhin sagte ich, daß ich mich alle Tage so fühlen wolle. Diese Antwort schien sie vollkommen zu befriedigen.

Zu der Zeit hatte ich schon mein zweites Enkelkind, an das sich auch eine Geschichte knüpft. Irene wollte gern ein kleines Mädchen haben, aber auch gleichzeitig einem Kind ohne Eltern eine Familie und Heimat bieten. Und so hatten sie und Ronny Antrag auf ein koreanisches Waisenkind gestellt, aber es kam und kam keine Antwort. Gerade, als ich sie einmal besuchte, kam dann doch ein Schreiben, daß ein kleines Mädchen in Korea für sie ausgesucht worden war, und ein Photo lag bei. Anhand des Photos war mir klar, daß es ein geistig behindertes Kind war und dies für Irene eine Belastung sein würde, der sie nicht gut gewach-

Amy kommt am Flughafen in Los Angeles an. Irene hat ihr kleines Mädchen.

sen war. Ich wollte gerade sowieso nach Korea fliegen, um dort eine australische Nonnenfreundin zu besuchen, und bot an, das kleine Mädchen kennenzulernen. Dies geschah dann auch mit Hilfe meiner Nonnenfreundin, die glücklicherweise koreanisch sprach. Wir erklärten dem Adoptivbüro, daß meine Tochter dieses kleine Mädchen nicht nehmen möchte und sie ein anderes aussuchen sollten. Es war eine ziemlich komplizierte Unterredung, aber sie trug Früchte, und zwei Monate später kam Amy Jung Ah am Los-Angeles-Flughafen mit einer Begleitdame an. Amy konnte kein Wort Englisch, war fünf Jahre alt und seit ihrer Geburt im Waisenhaus in Korea aufgewachsen. Sie sah nicht nur süß aus, sie benahm sich auch ganz artig – das hatte man ihr wohl eingeschärft – und lernte sehr bald Englisch. Heute ist sie 17 Jahre alt, sieht reizend aus, geht in die letzte Klasse der High School, lernt ausgezeichnet, schwimmt wie ein Fisch, hat viele Freundinnen und kommt dieses Jahr zum ersten Mal nach Deutschland, um ihre Oma zu besuchen. Sie hat mir gerade einen Brief geschrieben, in dem sie mich bittet, einen Besuch im Konzentrationslager zu organisieren, da sie das jetzt in der Schule durchnehmen. Außerdem möchte sie die Schlösser König Ludwigs anschauen.

Leider begannen in Sri Lanka furchtbare Unruhen. Bombenattentate und Terroristenangriffe machten das Leben in diesem Land immer schwieriger. Zum Beispiel flogen regelmäßig Busse in die Luft. Man konnte nicht mehr mit dem Bus fahren. Die Postämter waren teilweise zerstört. Es gab keinen Verlaß mehr darauf, daß Briefe und Sendungen befördert wurden und auch ankamen. Ich war aber auf die Post angewiesen.

Das Schlimmste war, daß ich mich nicht mehr traute, den Frauen, die aus dem Ausland schrieben, ob sie kommen könnten, zuzusagen. Ich hätte mich verantwortlich gefühlt, wenn ihnen etwas passiert wäre. Es herrschte viel zu große Unsicherheit, um dieses Risiko einzugehen.

Also sagte ich ihnen ab. Dadurch war ein Teil meiner Arbeit blockiert. Die zweite Blockade entstand dadurch, daß sich auch die singhalesischen Frauen, die meine Schülerinnen waren, nicht mehr aus ihren Häusern trauten. Der Weg zu uns auf die Insel war ihnen zu gefährlich.

Dann passierte etwas Schreckliches. Der Mann, dem die Bananenplantage gehörte, auf der ich mein Retreat verbracht hatte, mein Freund und Wohltäter also, wurde von Terroristen angegriffen und bei lebendigem Leib verbrannt.

Hinzu kam noch der Tod von Arthur de Silva. Als ich mich 1988 auf die Reise nach Kalifornien begab, hatte ich das ganz starke Gefühl, daß ich Arthur de Silva nicht wiedersehen würde. Als ich zurückkam, war er tatsächlich gestorben. Er war zuckerkrank und hatte es mit seiner Diät nie so genau genommen. Eines Tages fiel er um und war tot.

Als ich mich 1989 auf Bitten meiner deutschen Schüler dazu entschloß, Sri Lanka zu verlassen, war es sicherlich auch sein Tod, der das Gefühl in mir bestärkte: Meine Zeit hier ist zu Ende.

Und lebt man hundert Jahre auch,
Doch ungesammelt, einsichtslos,
Weit besser ist's, wenn einen Tag
Man weise ist und selbstvertieft.

Dhammapada, Vers 111

Buddha im Allgäu

Im Frühjahr 1989 kam ich aus Sri Lanka auf dem Münchener Flughafen an. Charlie holte mich ab, mein nicht englischsprechender Schüler aus Bali. Wir fuhren nach Uttenbühl. Es regnete und war kalt.

Uttenbühl ist ein kleines Dorf mit fünf Häusern, inmitten von sattgrünen Wiesen gelegen. Um diese Jahreszeit flossen überall von den waldigen Bergen herunter Bäche von Tauwasser über die Straßen und Wege.

Das vorletzte Haus nahe am Wald mit einem alten Birnbaum im Garten war mein neues Domizil. Ich fand es wunderschön. Spenden hatten den Kauf ermöglicht, und seit Februar war der Umbau im Gange. Es waren in erster Linie meine Schüler, die bereit waren, unentgeltlich zu arbeiten.

Charlie, von Beruf Tennislehrer aus München, Roland, Innenarchitekt, Schreiner und Landschaftsgärtner aus Rosenheim, Gudrun, Tanz- und Gymnastiklehrerin aus Norddeutschland, Heinz, Kaufmann aus München und

Die erste Hausgemeinschaft im Buddha-Haus. Von rechts: Roland, Charlie, Gudrun und ich.

Norbert, Rolands Bruder. Er war damals mit Charlie mein Schüler in Bali gewesen.

Das war das Team der ersten Stunde. Ich erinnere mich genau an den Tag meiner Ankunft. Alles lag und stand herum, Bücherkisten, Koffer, Schachteln; wir haben erstmal bis vier Uhr morgens aufgeräumt. Die jungen Leute, so schien es mir, waren etwas erstaunt über meine Energie.

Wir schafften den Umbau mit Hilfe von Firmen, in unglaublich kurzer Zeit. Im April war ich angekommen; im Mai gab ich meinen ersten Kurs. Da kamen, wenn ich mich recht erinnere, 20 Leute. Kurz bevor die ersten Schüler kamen, hängten wir noch Bilder in den Zimmern und Gängen auf und ließen dann erleichtert die Werkzeuge fallen.

Für die Menschen aus der Umgebung richtete ich jeden Mittwochabend «offenes Haus» ein. Es blieb bis heute eine feste Einrichtung. Ich halte einen Dhamma-Vortrag, anschließend meditieren wir. Am ersten Mittwoch erschienen fünf Personen; inzwischen kommen an unseren Mittwochabenden regelmäßig zwischen 60 und 90 Teilnehmer, so viele, wie wir gerade noch im Meditationssaal und im angrenzenden Vorraum unterbringen können.

Anschließend trinken wir noch zusammen mit unseren Gästen Tee. Das ist immer eine sehr gemütliche Stunde, in der die Menschen ihre Herzen öffnen und über die Dinge sprechen, die sie beschäftigen.

Meine Kurse und Seminare halte ich schon seit einigen Jahren aus Platzmangel nicht mehr bei uns im Buddha-Haus, sondern in katholischen Klöstern. Wir können hier nur ca. 30 Gäste zum Schlafen beherbergen, was zu langen Wartelisten führte, weil sich inzwischen oft mehr als 200 Teilnehmer anmeldeten.

In den Klöstern sind wir gern gesehen. Wir bezahlen für Kost und Logis, und es herrscht «Nobles Schweigen» in den Kursen. Außerdem ist auch unter den Mönchen Interesse für unsere Arbeit vorhanden. Im Kloster St. Albert in Walberberg bei Köln kam der Prior zu jedem meiner Vorträge. In Niederaltaich im Bayerischen Wald meditierte der Abt selbst. Er hat in Japan in einem Zen-Kloster Meditation gelernt und sehr schöne Bücher über Vertiefungen im Gebet geschrieben.

Er erzählte uns strahlend, daß einige seiner Mönche bei unserer Geh-Meditation zugeschaut haben und dann meinten, sie wollten das auch einmal probieren. Die Kreuzgänge, die man in alten Klöstern noch findet, dienten auch solch einem Zweck.

Abt Emmanuel vom Kloster Niederaltaich, der meine Schüler und mich jedes Jahr zu einem Meditationskurs herzlich willkommen heißt.

Es liegt mir viel daran, diesen ökumenischen Dialog auszubauen und wachzuhalten. Ich will nicht verkünden, daß der Buddhismus allein seligmachend sei; ich will den Menschen in Deutschland zeigen, daß der spirituelle Weg in jeder Religion gegangen werden kann, und ihnen helfen, den Zugang zu einer tiefen Verinnerlichung zu finden. Ich fühle die Verpflichtung, den Weg, den mir meine Lehrer gewiesen haben, den westlichen Menschen zu erschließen. Dabei hilft mir die Tatsache, daß sowohl Deutsch als auch Englisch meine Muttersprachen sind, die ich von Kindheit an gesprochen habe. Dadurch kann ich mich einfach und gradlinig ausdrücken.

Ein großer Teil der Kraft, die ich in den Aufbaujahren in Sri Lanka und im Allgäu aufgewendet habe, entsprang dem Gefühl, keine Zeit verlieren zu dürfen.

Seit 1983 wußte ich, daß ich Krebs habe. Ich spürte einen Knoten in der Brust und suchte in Australien eine Ärztin auf. Sie schickte mich zur Mammographie. Diagnose: ein bösartiger Tumor.

Wir hatten damals gerade mit dem Bau des Nonnenklosters auf der Insel im Ratgama See in Sri Lanka begonnen. Ich wollte das gern zu Ende führen und fühlte mich zu der Zeit vollkommen gesund und stark.

Ich sagte der Ärztin, daß ich keine Operation wünschte, weil ich mich nicht in einen Krankenhausbetrieb hineinbegeben wollte, aus dem man nur schwer wieder herauskommt.

Ich weiß noch genau, daß die Ärztin mich lange ansah und dann sagte, ihre Mutter sei auch an Brustkrebs erkrankt und habe sich genauso entschieden wie ich. Sie ließ sich nicht operieren und lebte 15 Jahre damit. Nur die letzten zwei Monate war sie krank und ist dann gestorben. Das paßt mir gut, sagte ich, so möchte ich es auch machen.

Was die Krankheit in den darauffolgenden Jahren für mich bewirkt hatte, war das Bewußtsein der Dringlichkeit – «Samvega» auf Pali – die der Buddha immer empfohlen hat. Die Dringlichkeit der Praxis des spirituellen Weges, weil ja keiner weiß, wie lange er noch am Leben bleiben wird. Wenn man Krebs hat, ist dies noch deutlicher erkennbar.

Jede Geburt ist ein Todesurteil – es gibt keinen Menschen, der das Leben überlebt. Wir verdrängen dieses Urteil nur und leben so, als hätten wir unendlich viel Zeit vor uns.

Dieses Gefühl der Dringlichkeit war für mich ein starker Ansporn, das Projekt der Nonneninsel durchzuführen, damit möglichst viele Frauen dort unter optimalen Bedingungen praktizieren konnten.

Ich wollte auch recht viele Bücher fertigstellen, um die Lehre des Buddha auf deutsch so vielen Menschen wie möglich zugänglich zu machen. Als junger Mensch hätte ich mir vorgenommen, einmal einen wunderbaren Roman zu schreiben. Ich stellte es mir herrlich vor, ein selbstgeschriebenes Buch in der Hand zu halten. Zu einem Roman ist es nie gekommen, aber inzwischen sind 25 Bücher von mir erschienen, und es ist nichts Besonderes mehr, meine eigenen Bücher zu signieren. Aber ich bin froh, daß durch sie das Dhamma verbreitet wird. Der Buddha hat seine Lehre nicht «Buddhismus» genannt, sondern «Dhamma», was Naturgesetz, absolute Wahrheit bedeutet.

Solange mir die Zeit bleibt, will ich weiter das Dhamma lehren. Ich möchte allen, die es wissen wollen, dabei helfen, die meditativen Vertiefungen zu erleben. Das sind ganz andere Bewußtseinsebenen, als sie der Mensch gewöhnt ist. Durch sie ist es auch möglich, die eigene Religion in einer Tiefe verstehen zu lernen, wie sie ohne Meditation nicht erreichbar ist.

Wer zu mir kommt, um dem, was ich zu sagen habe, zuzuhören, wer meine Seminare und Kurse besucht, muß nicht Buddhist sein oder es werden. Der Buddha hat dieses Wort nie verwendet. Er hat gesagt, wir sind Übende. Übende im Raum der Erkenntnis.

Ob jemand Katholik, Protestant, Muslim, Jude oder Hindu ist, ist mir gleichgültig. Ich teile die Menschen nicht in solche Zugehörigkeiten ein, die sie noch mehr voneinander trennen. Solange wir glauben, «ich bin das eine, und du bist das andere», gehören wir nicht zusammen. Dies ist jedoch der falsche Weg. In Wirklichkeit gehören wir alle zueinander in der großen Familie der Menschheit.

Der Buddha hat nur ein Interesse gehabt: jedem Menschen zu zeigen, wie er absolut glücklich werden kann. Er hat nie nach Jüngern und Anhängern gesucht.

Das ist auch mein Anliegen. Ob ein Besucher sich als katholisch oder atheistisch bezeichnet, ist belanglos. Wenn er den Weg nach innen sucht, möchte ich ihm dazu verhelfen, das zu finden, was in uns allen lebt – nämlich reiner Frieden, reines Glück.

Religion beschränkt sich nicht auf irgendwelche traditionelle, kulturelle, soziale Gebräuche. Diese sind den Menschen manchmal hilfreich, aber sie sind nicht das Wesen der Religion. Religion ist eine innere Offenbarung, eine Antwort auf das Bedürfnis nach Vollkommenheit, das wir in uns tragen.

Ich habe viele der Schriften der christlichen Mystiker des Mittelalters gelesen, vor allem Meister Eckhart, Johannes Tauler, Heinrich Seuse, Teresa de Avila, Francisco de Osuna. Besonders Teresas Anweisungen für ihre Nonnen in ihrem Buch «Die innere Burg» haben mich sehr beeindruckt, denn dort beschreibt sie die meditativen Vertiefungen, die auch ich lehre, nur in ihrer persönlichen Art und mit christlich geprägten Visionen.

In der Eckhart Gesellschaft in England habe ich zweimal Vorträge gehalten, die der Gemeinsamkeit der Lehre Buddhas und der Predigten Meister Eckharts gewidmet waren.

Ich glaube, daß es eine tiefe Bedeutung hat, daß ich jetzt wieder in Deutschland bin. Meine äußere Reise ist im Kreis verlaufen: Hier hat sie angefangen, hierher bin ich am Lebensende zurückgekehrt.

Die innere Reise hat einen ganz anderen Weg eingeschlagen. Ich habe begonnen wie so viele andere Menschen und habe alles mitgemacht, was üblich ist. Beruf, Heirat, Kinder und Enkelkinder. Ärger, Aufregung, Ängste, es war alles in meinem Leben enthalten. Am Ende meiner inneren Reise jedoch bin ich zu Frieden und Glück gelangt.

Ich bin sehr froh, daß ich etwas davon weitergeben kann. Neun meiner Schüler in Deutschland habe ich zum Lehren autorisiert, damit die zuvor verlorengegangene Kunst der meditativen Vertiefungen weiter bestehen kann und nicht wieder verschwindet. Vier Lehrer habe ich außerdem in Australien autorisiert und einen in Amerika.

Charlie ist ein Jahr nach meiner Ankunft im Buddha-Haus nach München zurückgekehrt, hat geheiratet und arbeitet wieder als Tennislehrer. Gudrun, fast acht Jahre Sekretärin im Buddha-Haus, ist gegangen. Neue Kräfte sind nachgerückt: Traudel, Diplom-Mathematikerin und Computer-Programmiererin, hat unsere Buchhaltung übernommen, kümmert sich um unsere Bankgeschäfte, Kataloge, den Druck und den Satz meiner Bücher in unserem eigenen Verlag.

Zum Kochen haben wir im Buddha-Haus Helfer. Wir leben vegetarisch und sind sehr anspruchslos. Was auf den Tisch kommt, ist einfach und gesund, mit Liebe zubereitet.

Wir sind wie ein kleiner Betrieb, der sehr gut organisiert sein muß. Das Telefon muß besetzt sein, die Post muß beantwortet werden, die Bestellungen müssen ausgesandt werden.

Die Putzarbeiten im Haus übernehmen zum größten Teil Kursteilnehmer und Gäste. Vormittags ist immer eine Stunde «selbstlose Hilfe» mit eingeplant, die dafür verwendet wird.

Bei der Ordination von Nyanabodhi. Er ist der erste buddhistische Mönch, der auch in deutscher Sprache ordiniert wird.

Wir finanzieren unseren Lebensunterhalt und unsere Veröffentlichungen mit Spenden, Kursgebühren, dem Verkauf von Tonbändern (Mitschneiden meiner Vorträge) und Büchern. Auf ein persönliches Einkommen verzichten alle, die hier gemeinsam leben. Unser «Betrieb» übernimmt unsere Krankenkassenbeiträge und für jeden ein kleines Taschengeld.

Soviel zur Organisation. Glücklicherweise habe ich eine gewisse Begabung dafür und auch genügend Praxis. In Klöstern und Seminarhäusern muß Ordnung herrschen. Man kann seinen Kopf nicht für spirituelle Dinge frei haben, wenn man gleichzeitig von Chaos umgeben ist. Außerdem ist unsere äußere Umgebung ein Spiegelbild unseres inneren Seins.

Roland, der Innenarchitekt aus Rosenheim, der die biologische Kläranlage und vieles andere bei uns gebaut hat und die Umschlagbilder für alle meine Bücher herstellt, ist seit der ersten Stunde der gute Geist des Buddha-Hauses.

1993 entschloß er sich, Mönch zu werden. Ein indischer Mönch aus Ladakh, der uns besuchte, und ich haben ihn ordiniert. Ich habe den Text der Ordination ins Deutsche übersetzt. Roland wiederholte ihn auf deutsch und sprach ihn auch im traditionellen Pali. Es war eine ergreifende Feier. Seine ganze Familie war anwesend.

Roland heißt seit jenem Tag Nyanabodhi. Er ist der erste deutsche Mönch, der seine Ordination auch auf deutsch bekommen hat.

1993 mußte ich mich dann doch einer schweren Krebsoperation unterziehen. Der Knoten, dessen Wachstum ich ständig gespürt hatte, war aufgebrochen. Es war nicht nur sehr schmerzhaft, sondern blutete auch fast ständig.

Im Prinzip hatte ich schon vor dieser Operation mit dem Leben abgeschlossen. Um keinerlei Ärger oder unglückliche Gefühle zu hinterlassen, schrieb ich an alle diejenigen Briefe, mit denen jemals eine größere oder kleinere Unstimmigkeit bestanden hatte, möge sie noch so lange zurückliegen. Ich entschuldigte mich für Fehler irgendwelcher Art, die ich wissentlich oder unwissentlich begangen hatte und versicherte jedem, daß ich mit Liebe an ihn oder sie denke. Ich fühlte, daß nun nichts mehr einem ruhigen Tod im Wege stand.

Nach der Operation gab es zwei Tage, an denen ich das Gefühl hatte, daß meine Vitalität dahinschwand, genauer gesagt, daß sie aus meinen Füßen herausfloß. Ich war absolut einverstanden damit, zu sterben und gab mich ganz dem angenehmen Gefühl des Loslassens hin.

Dann kamen so viele Kärtchen und Blumen von meinen Schülern, die nicht nur Liebe bezeugten, sondern mich auch wissen ließen, ich solle nur noch am Leben bleiben, ich bräuchte gar nicht zu lehren. Das beeindruckte und ermunterte mich sehr. Bei den Arztbesuchen und angesichts der Fürsorge der Krankenschwestern wurde mir klar, wie sehr sie sich bemühten, mich am Leben zu erhalten. Da entschloß ich mich, ihnen dabei behilflich zu sein.

Entgegen allen Erwartungen erholte ich mich gut. Ich hatte später noch drei Operationen, die letzte im November 1995. Bei dieser letzten Operation kam es zu einem eigenartigen Erlebnis. Obwohl ich immer noch unter Vollnarkose war, hörte ich plötzlich, wie ein mir unbekannter Arzt sagte: «Ach, um Gottes willen, da muß sofort etwas geschehen!» Ich sah ihn deutlich vor mir, obwohl meine Augen fest geschlossen waren, sah, wie er vergeblich versuchte, eine Nadel in eine meiner Venen zu stecken und dabei immer nervöser wurde. Ich versuchte, ihm Ruhe einzuflößen.

Die anderen Ärzte, die um mich herumstanden, wurden ungeduldig, was natürlich zusätzlich zu der Nervosität des Anästhesie-Oberarztes beitrug. Er wechselte dann zu meiner rechten Hand über und fand eine Vene, die er mit einem Seufzer der Erleichterung benutzte. Mir war klar, daß mein Blutdruck enorm gesunken war; ich hatte gehört wie jemand sagte: «80 über 50», und daß dies lebensbedrohend war. Mir war außerdem klar, daß mein Körper vollkommen betäubt dalag, daß sich aber mein Geist inzwischen vom Körper entfernt hatte und das ganze Geschehen aus der Vogelperspektive betrachtete. Es herrschte absolute Ruhe in meinem Geist, mir taten nur die Ärzte leid, und ich wollte ihnen gern ebenfalls zur Ruhe verhelfen.

Alles, was ich von diesem Zeitpunkt an erlebte und erlebe, ist sozusagen ein Extra-Bonus. Mit dem Leben abgeschlossen zu haben und dann doch noch einige Zeit, jetzt also schon vier Jahre, da zu sein und die letzten Dinge erledigen zu können – das ist schon ein großes Geschenk.

Ich achte darauf, sehr wählerisch mit meiner noch verbleibenden Zeit umzugehen, nur noch die Dinge zu tun, die mir nützlich und wertvoll erscheinen. Das heißt nicht, daß ich mir irgendeinen Luxus gönnen würde; ich will nur noch das machen, wovon ich und andere innerlich gestärkt werden und was Freude bringt, weil es wahrhaftig und hilfreich ist.

1993 haben uns die Medien entdeckt. Zuerst Diskussionen beim ZDF, dann ein Artikel in der Süddeutschen Zeitung auf Seite 3, dann Portraits von mir in diversen Sendern, ferner Radiovorträge u.a. Ein besonderes Geschenk war für mich der Anruf der Tochter unseres früheren Chauffeurs, die die Fernsehsendung «Menschen hautnah» gesehen hatte und beinahe in Ohnmacht gefallen war, als ihr Vater (im Foto) auf dem Bildschirm erschien. Sie machte dann sogar einen Meditationskurs bei mir mit. Am meisten freute ich mich darüber, daß sie sich an meine Eltern erinnern konnte. Sonst gibt es wohl niemanden in Deutschland, der sie noch kannte. Sie wußte, wie großzügig und hilfsbereit meine Eltern immer gewesen waren.

Am großen öffentlichen Echo auf diese Fernsehsendungen konnten wir ermessen, daß die Lehre des Buddha gerade im Westen, auch noch nach 2500 Jahren, so frisch und ursprünglich ist wie eh und je und die Herzen vieler Menschen berührt.

Man hört manchmal von asiatischen Buddhisten, daß westliche Menschen Schwierigkeiten hätten, zu meditieren. Das stimmt überhaupt nicht. Ich habe bei meinen Schülern – ich lehre ja nun schon seit 22 Jahren – erlebt, daß sie die Meditation in jeder Hinsicht sehr gut erlernen und praktizieren können. Wer sich bei der Meditation wirklich hingibt, kann den Geist nach einiger Zeit als konzentriert und auf einen Punkt gesammelt erleben.

Ich lehre verschiedene Methoden. Beispielsweise zeige ich, wie man auf den Atem achtgibt, oder mit welchen Mitteln man die Gedanken steuern und erkennen kann. Ferner lehre ich die Geh-Meditation und die «Stück für Stück»-Methode. Letztere betrifft die Gefühle und Empfindungen und ist ein wichtiges Hilfsmittel zur Läuterung unserer Emotionen. Eine weitere zentrale Übung ist die «Liebende Güte»-Meditation, bei der ich die verschiedensten Visualisationen anwende, um für jeden eine Herzensöffnung zu ermöglichen. In den Kursen leite ich Kontemplationen an, die einen Zugang zu unserer inneren Realität eröffnen können. Mit Hilfe dieser traditionellen Methoden beruhigt sich der Geist allmählich und läßt die Welt zeitweilig los.

Die wichtigste Lehre, mit der ich in Europa so ziemlich allein dastehe, sind die Anleitungen für die meditativen Vertiefungen, die aber nur bei voller Konzentration möglich sind. Auch in Asien, den USA und Australien gibt es nur meine Schüler und noch zwei andere Lehrer, die überhaupt von den Vertiefungen sprechen. Diese Vertiefungen sind aber die wirkliche Meditation, sie wurden vom Buddha gelehrt, praktiziert und hoch angepriesen. Sie vermitteln dem Geist neue Bewußtseinsebenen, die unseren Horizont erweitern und uns einen Einblick in das universelle Geschehen ermöglichen. Sie sind das Mittel zum Zweck der absoluten Freiheit von Streß, Druck und Ich-Bezogenheit, und sie bahnen den Weg zur Erleuchtung.

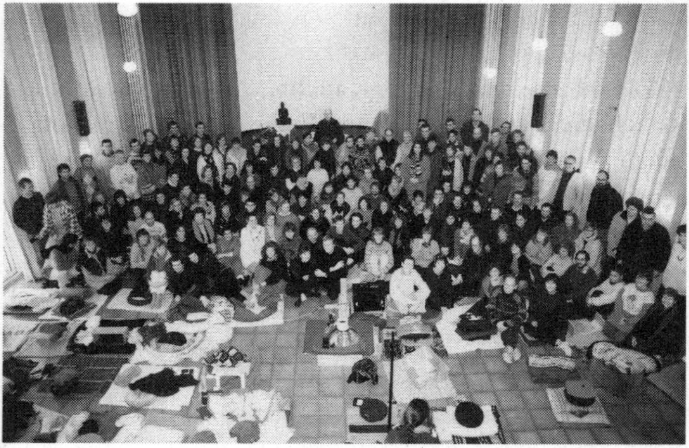

Ein Wochenkurs im Dominikaner-Kloster St. Albert mit 170 Teilnehmern, 1996. Ich sitze ganz hinten in der Mitte.

Jeder Mensch, der geduldig übt, gelangt in den Zustand der vollen Konzentration. Dadurch findet er zu einem Innenraum seines Geistes Zugang, wo absolute Reinheit und Klarheit herrschen. Wir sind dann in der Lage, uns und unsere Probleme, die uns oft zu erdrücken drohen, auf einmal objektiv anschauen zu können. Durch das Erleben neuer Bewußtseinsebenen öffnet sich ein neues Blickfeld, das uns die Welt neu erschließt.

Wir haben in unserem Meditationsraum im Buddha-Haus eine überlebensgroße Buddha-Statue aus Teak Holz, ca. 200 Jahre alt und aus Thailand stammend, aber in Kempten gekauft. Sie ist mit Goldblatt verziert, was in buddhistischen Ländern traditionell als ein Zeichen der Ehrerbietung dient. Neben der Statue sitze ich, wenn ich einen Vortrag halte. «Ich will zu Euch», beginne ich zum Beispiel, «über die drei Dinge des Daseins sprechen (die drei Daseinsmerkmale), über das Leid, über die Vergänglichkeit und über die Substanzlosigkeit.»

An der Stille der Zuhörer, an ihrer Aufmerksamkeit, spüre ich die Bereitschaft, dem Weg nach innen zu folgen. Dem Weg zu den ursprünglichen Wahrheiten, die den unruhigen, streßgeplagten Menschen von heute so leicht verloren gehen. In unserer materiellen Welt ist vielen Menschen der Lebenssinn völlig unklar geworden, und sie begnügen sich mit den Sinnesbefriedigungen, ohne je dadurch zufrieden zu werden.

Einer der großen Lehrer dieser Zeit war ein Mönch in Thailand, Ajahn Chah. Er hatte viele westliche Schüler und starb vor ein paar Jahren. Von ihm stammt ein Gleichnis, mit dem er einmal die drei Daseinsmerkmale von Leid, Vergänglichkeit und Substanzlosigkeit beschrieb:

«Sieh her», sagte er, «auf dieses Wasserglas. Es ist sehr nützlich für mich. Ich kann daraus trinken. Wenn die Sonne darauf scheint, wirft es hübsche Farbenspiele. Wenn ich einen Löffel daran schlage, gibt es einen schönen Ton von sich. Wenn es allerdings herunterfällt, ist es kaputt. Für mich ist es jetzt schon kaputt. Für mich ist alles, was ist und sein wird, schon geschehen.»

Dieses Gleichnis ist sehr bedeutsam für mich. Mein Wasserglas ist ebenfalls bereits zerbrochen. 1993, vor der Operation, war mein Leben für mich zu Ende. Nun ist es noch da, mein Körper ist wieder vorhanden, und ich benütze ihn, aber er hat für mich ebensowenig Bedeutung wie ein zerbrochenes Glas.

Bei allem, was ich tue, fehlt seither die persönliche Beziehung. Ich tue die Dinge in der Annahme, daß sie hilfreich sind. Ich freue mich, wenn ich sie noch eine Zeitlang verfolgen kann. Aber wenn es jetzt zu Ende geht, passiert nichts von Bedeutung. Es ist sowieso alles schon geschehen.

Der Buddha hatte einmal gesagt, das Dhamma fasse Fuß in einem Land, wenn Söhne und Töchter aus gutem Haus in ihrer Muttersprache ordiniert würden. «Gutes Haus» hat aber nichts mit Reichtum oder Berühmtheit zu tun. Es bezieht sich auf Familien, in denen die Kinder lernen, sich tugendhaft zu benehmen.

Seit das Reisen für mich beschwerlich geworden ist, begleitet mich Nyanabodhi oft. Nach Kalifornien zur Hochzeit meines ältesten Enkels, Matthew, zu einem Meditationskurs im Zen Zentrum bei San Francisco oder nach Berlin, wo ich im Sommer 1995 im Rahmen der Friedensuniversität viele Vorträge hielt. Nach Lindau zu den Psychotherapiewochen, wo ich in den letzten beiden Jahren Vorträge und Workshops gehalten habe.

Die große Resonanz unserer Arbeit brachte mich auf den Gedanken, in München ein Stadtzentrum aufzumachen. Wir fanden einen geeigneten Platz, einen ehemaligen Lebensmittelladen mit angeschlossener kleiner Wohnung in Neuhausen, einem sehr angenehmen Stadtteil. Nachdem wir alles schön renoviert haben, ist es jetzt eine Begegnungsstätte mit einem festen täglichen Programm. Meine Schüler lehrten dort, unter anderem auch Charlie und Norbert. Traudel gibt einen Abend in der Woche dort Yoga Unterricht, worin sie ausgebildet ist.

Ich hatte aber noch eine Vision, die ich vor meinem Tod gern verwirklichen wollte: In Deutschland ein Waldkloster in unserer Theravada-Tradition zu gründen, an einem abgeschiedenen Platz, damit es einen Kontrapunkt bilden könnte zu unserer lauten, mit Ablenkungen überfluteten Welt.

Vor dem Buddha-Haus-Stadtzentrum in München, das 1994 eröffnet wurde. Ein meditativer Platz für alle, die der Hektik der Stadt zeitweilig entfliehen möchten.

Eine Zeitlang suchten wir im Bayerischen Wald nach einem geeigneten Terrain. Wir fanden auch eines, aber die Baugenehmigungsbedingungen waren so schwierig, daß wir nach monatelangem Hin und Her aufgeben mußten.

Im August 1995 fanden wir dann den idealen Ort ganz in unserer Nähe, nur eine halbe Stunde vom Buddha-Haus entfernt. Er liegt 1000 m hoch zu Füßen der Alpen, deren schneebedeckte Kette man an schönen Tagen ganz klar vor sich sieht. 7½ Hektar Wald und Wiese, mit einem Bach, einer wunderbar reinen Quelle und einem Haus mit 14 Schlafzimmern, ganz einsam inmitten der Landschaft.

„Metta Vihara" im Allgäu, das erste deutsche Waldkloster für buddhistische Mönche und Nonnen. Die Umbauarbeiten sind beinahe abgeschlossen.

Das Haus war 300 Jahre alt, eine ehemalige Gastwirtschaft, die aber sehr heruntergekommen aussah. Sie gehörte alten Leuten, die sich nicht mehr darum kümmern konnten. Eine Bank hatte dann eine Zwangsversteigerung durchgeführt. Wir bekamen das Anwesen zwar nicht gerade billig, aber doch mit einem Preisnachlaß.

Zum Haus führt ein Privatweg, der im Winter nicht geräumt wird, so daß wir uns einen Skibob anschaffen mußten, um die letzten 1½ km zu befahren. In dieser Gegend schneit es oft noch im April. Ich bin schon öfter mit dem Skibob gefahren, einem Motorrad auf Skiern. Ich mußte mich ordentlich festhalten, aber es hat mir einen Riesenspaß gemacht.

Seit Oktober 1995 sind wir damit beschäftigt, das alte Haus von Grund auf zu sanieren. Vor allem Nyanabodhi ist damit «beschäftigt», wenn dies das richtige Wort ist für die Schwerstarbeit, die er verrichtet. Eine neue Untermauerung, neue Heizung, neue elektrische Leitungen waren fällig. Die Außenwände hatten keine Wärmedämmung, die Kellertreppe war baufällig, und es regnete in den Keller hinein. Rund ums Haus mußte eine Drainage gelegt werden, und alle Dachrinnen mußten erneuert werden.

Nyanabodhi lebt jetzt nur noch dort. Glücklicherweise gibt es unter meinen Schülern einige Facharbeiter, die uns ihre Arbeit zum halben Preis berechnen, und es finden sich eine Reihe von Schülern, die tage- oder wochenweise einfach mithelfen. Trotzdem kostet das Ganze natürlich viel Geld. Aber in der Beziehung sind wir ganz zuversichtlich. Die Rückschau auf mein Leben zeigt mir: was man wirklich ernsthaft und nicht eigennützig tun will, das funktioniert immer.

Rund um das Haus mußten wir viele Bäume fällen, um Luft und Licht zu bekommen und Platz zu schaffen für einen Garten. Zu einer Klosteranlage gehört einfach ein Garten mit Blumen, Kräutern und einem kleinen Teich.

Wir denken, daß dieser Platz das schönste Waldkloster geworden ist, das man sich vorstellen kann. Übrigens ist es das erste buddhistische Waldkloster Deutschlands. Es heißt «Metta Vihara» (Wohnstätte der bedingungslosen Liebe). Diesen Sommer (1997) ist die Eröffnungsfeier. Das Kloster bietet Menschen die Möglichkeit, sich in die Stille zurückzuziehen, in nobles Schweigen, in die persönliche Erfahrung des ausschließlichen «Seins». «Kloster auf Zeit» wird für ein Minimum von einem Monat angeboten.

Natürlich kann man dort auch Mönch oder Nonne werden, nachdem man mindestens ein Jahr dort gelebt und erkannt hat, daß man dem inneren spirituellen Wachstum im Leben absolute Priorität geben will.

Matthias, jetzt Nyanacitta, ehemaliger Rechtsanwalt aus Konstanz am Bodensee, ist Nyanabodhis rechte Hand geworden und hilft in allen Bereichen – vom Streichen der Türen bis zum Möbelbau, von Fahrten in den Wertstoffhof bis zu Besuchen bei Jugendgruppen und einer Lehrtätigkeit im Stadtzentrum. Er hat für sein erstes Übungsjahr offiziell die Anagarika-Gelübde angenommen und wird im Juni als Novize ordiniert.

Solange ich kann, werde ich natürlich auch selbst im Kloster sein und dort lehren. Im Moment unterhalten wir uns allerdings hauptsächlich darüber, in welchen Farben die Türen angestrichen werden sollen und ob die Kellerwände links oder rechts zementiert werden; das sind die im Moment ganz dringenden Anliegen.

Ich bin sehr froh, daß ich dieses Projekt noch beginnen und seine Beendigung miterleben kann. Schon seit 20 Jahren habe ich das Gefühl, daß ich mich nicht selbst dirigiere, sondern dirigiert werde – dorthin, wo ich hinzugehen habe, um das zu tun, was ich tun soll. Und so denke ich, daß ich auch jetzt zur rechten Zeit am rechten Platz bin und etwas bewirke, wofür hier in Deutschland mehr und mehr ein Bedürfnis vorhanden ist.

Nicht in den Lüften, nicht in Meeresmitte,
Nicht in den Bergesklüften sich versteckend,
Nicht findet sich ein Ort auf dieser Erde,
Wo weilend einen nicht der Tod bezwänge.

Dhammapada, Vers 128

Ein schöner Tod

Für mich ist der Tod eine Selbstverständlichkeit. Ich bin darauf vorbereitet zu verschwinden.

Der Chirurg, der mich operierte, äußerte einmal, daß er mich bewundere. Wofür eigentlich? Dafür, daß mich der Gedanke an den Tod nicht in Verzweiflung stürzt?

Ich nehme mir immer den Buddha als Beispiel. Sein Leben und seinen Tod, die ich mir als Ideal vorhalte.

Vor etwa 2500 Jahren wurde er als Königssohn in Nord-Indien geboren. Sein Vater war Herrscher einer der größeren Provinzen. Bei seiner Geburt wurde prophezeit, daß er entweder ein bedeutender König sein oder sich aus dem weltlichen Leben zurückziehen und ein Buddha werden würde. Buddha bedeutet «der Erwachte», es ist ein Titel.

Als Prinz hieß er Siddharta Gautama. Um sein Leben ranken sich neben historischen Daten auch viele Legenden.

Der Vater, so heißt es, wollte, daß der Sohn sein Nachfolger würde, anstatt der Welt zu entsagen. Und so wurde die Welt des Knaben und des jungen Mannes möglichst attraktiv gestaltet: Es war verboten, daß jemals kranke oder tote Menschen im Palast zu sehen waren. Sogar die toten Blätter wurden sorgfältig entfernt, um Siddharta vor ihrem Anblick zu bewahren.

Alles war zu seinem Vergnügen arrangiert. Wir können das durchaus mit unserer Wohlstandsgesellschaft vergleichen, wo wir ja auch die ganze Zeit alles zu unserem Vergnügen tun. Unsere Häuser, Fernsehen, Video, Telefon, Radio – alles wurde zur Zerstreuung geschaffen, damit wir Spaß haben. Daß wir dabei auf die Dauer keine wirkliche Freude empfinden, ist eine andere Sache.

Siddharta hatte viele Spielgefährten und Gefährtinnen, die seine Konkubinen waren. Als er 16 Jahre alt war, durfte er heiraten, wen er wollte. Er wählte eine Cousine, sie lebten im Palast, und niemals bekam er etwas zu sehen, was ihn hätte unglücklich machen können.

So wie auch wir unsere Kranken und Behinderten hinter Mauern verstecken, wo keiner sie sieht, und die Toten schön einbalsamieren, damit sie ein bißchen hübsch aussehen, bevor wir sie begraben.

Eines Tages sagte Siddharta zu seinem Wagenführer, er wolle ein wenig spazierenfahren, draußen, vor dem Palast. Sie fuhren hinaus, und das erste, was sie sahen, war ein ganz alter Mann, der sich auf einen Krückstock stützte und kaum mehr laufen konnte.

«Warum sieht er so schrecklich aus?», fragte Prinz Siddharta. Der Wagenführer sagte: «Ja, das ist ein alter Mann.» «Wird uns das allen so gehen?», fragte der Prinz. «Natürlich», sagte Channah der Wagenführer. «Wir werden alle alt.»

Sie fuhren zurück in den Palast und machten am nächsten Tag wieder eine Ausfahrt. Diesmal sahen sie einen

Kranken, der auf der Straße lag. Er war zu schwach, um aus dem Wassergefäß neben sich zu trinken. Fliegen saßen auf seinem Gesicht, und er stöhnte nur.

«Was ist mit dem?», fragte Siddharta wieder. «Das ist ein Kranker.» – «Werden wir alle so krank?» Der Wagenführer sagte: «Davor ist keiner von uns gefeit.»

Der Dritte, den Siddharta am nächsten Tag erblickte, war ein Toter. Er wurde auf einer Bahre getragen, hinter ihm gingen die ganze Familie und alle Bekannten und jammerten und weinten. Die Frauen hatten sich die Haare mit Asche bestreut. Sie waren auf dem Weg zum Verbrennungsplatz. «Kommen wir alle da hin?», wollte der Prinz wissen. «Ja», sagte Channah, «es steht uns allen bevor.»

Am vierten Tag fuhr Siddharta noch einmal hinaus. Diesmal traf er einen Mann, dessen Gesicht einen friedlichen, sorglosen Ausdruck hatte. «Wer ist das?» – «Das ist ein Mönch», sagte Channah, «der der Welt entsagt hat.»

Siddharta Gautama fuhr wieder nach Hause und verließ noch am gleichen Abend seine Frau, sein eben geborenes Kind, seine Eltern und den Palast, um eine Antwort auf das Leid der Menschheit zu finden. Zusammen mit Channah ritt er bis zu der Grenze des Königreiches seines Vaters. Dort gab er Channah sein Pferd und sagte: «Nimm es mit nach Hause und behüte es gut.»

Der Legende zufolge ging das Pferd nur ein kurzes Stück Weg zurück, fiel um und starb an gebrochenem Herzen.

Der Prinz schnitt sich dann mit seinem Schwert die Haare ab, ging in den Wald und suchte einen bekannten Meditationslehrer auf. Bis er der Buddha wurde, übte er sechs Jahre ganz intensiv.

Nachdem er die meditativen Vertiefungen vollends gemeistert hatte, setzte er sich unter den berühmten Bodhibaum im heutigen Bodh Gaya und erreichte die Freiheit der Erleuchtung. Er formulierte die vier edlen Wahrheiten und die Schritte des edlen achtfachen Pfades, die den Kern seiner Lehre ausmachen*. Es erschien ihm der höchste der Brahmas, der höchste der Götter, wohl als eine innere Vision, und bat ihn, dies die Menschen zu lehren.

Es würde hier zu weit führen, alle Einzelheiten zu besprechen. In meinem Buch «Buddha ohne Geheimnis» sind diese verdeutlicht.

Auch in verkürzter Form zeigt diese Geschichte aus dem Leben des Buddha, worauf die buddhistische Lehre beruht: Wir müssen Dukkha erkennen, was das Pali-Wort ist für Leid, Kummer, Unerfülltheit, für Krankheit und Tod. Dadurch durchschauen wir die Illusionen, die wir uns über unser «Ich» und unser Leben machen.

Das gelingt uns nicht mit unseren fünf Sinnen und der gewöhnlichen Art des Denkens. Dazu ist eine andere Bewußtseinsebene nötig, die wir in den Vertiefungen der Meditation – in der Konzentration ohne Denken – erreichen können.

Dabei erleben wir, daß wir nicht getrennt von der übrigen Schöpfung existieren. Dadurch können wir uns von dem Begehren lösen, unbedingt anerkannt, geliebt, beachtet, bestätigt zu werden. Dann ist es auch nicht so bedeutsam, ob wir da sind oder nicht. Wir haben auch keine Angst mehr vor dem Tod.

* Die erste edle Wahrheit:
Existenz ist Dukkha (Leid, Unerfülltheit)
Die zweite edle Wahrheit:
Die Ursache für alles Dukkha ist Begehren.
Die dritte edle Wahrheit:
Es gibt totale Freiheit von Dukkha, genannt Nibbāna.
Die vierte edle Wahrheit:
Der Pfad zur absoluten Freiheit ist der edle achtfache Pfad.

Wir müssen dazu nur etwas loslassen, was recht hartnäkkig ist: unser Ego.

Wir leben, wir sterben wie alle vor und alle nach uns, nichts gehört uns. Wenn es uns gelingt, keine Begierden mehr zu haben, keine Wünsche, dann ist der Tod nicht Vernichtung, sondern die Auflösung im Nibbāna.

Um diese Einstellung zu verinnerlichen muß man immer wieder üben.

Im Sommer nach meiner Operation bekam ich viel Besuch. Meine Tochter Irene kam aus Amerika. Wir fuhren zusammen nach Italien. Es war das erste Mal seit mehr als zwanzig Jahren, daß wir allein zusammen waren. Vorher waren immer die Kinder dabei gewesen. Es hatte nie Gelegenheit gegeben, sich richtig miteinander zu unterhalten.

Wir mieteten uns in einem Hotel am Lago Maggiore ein und machten Dampferfahrten und Fußtouren; wir hatten Zeit und Ruhe. Es war sehr, sehr schön.

Dann besuchte mich Gerd, mein geschiedener Mann. Er wollte wissen, wie es mir ging. Das war natürlich auch sehr schön. Wir hatten uns seit 1979 nicht mehr gesehen.

Er kam hier an und betätigte sich gleich im Garten. Es machte mir Spaß zu sehen, daß er immer noch der Gleiche war – stets in Aktion, stets in Bewegung.

Matthew, mein ältester Enkel, besuchte mich mit Lara, mit der er jetzt verheiratet ist. Zu ihm habe ich ein besonders enges Verhältnis, er hat von der ganzen Familie vielleicht am meisten Verständnis für seine Großmutter, die eine buddhistische Nonne geworden ist.

Dabei erinnere ich mich daran, daß ich in meiner Kindheit meinen Großvater zärtlich geliebt habe. Ich finde, die Beziehung zwischen den älteren und den jungen Familien-

Mein ältester Enkel, Matthew, Irenes Sohn, kommt aus Kalifornien zu Besuch ins Buddha-Haus und macht seinen ersten Meditationskurs mit. Hier sind wir im Garten des Buddha-Hauses.

mitgliedern ist wichtig. Es ist gut zu wissen, wer vor einem da war, und wer nach einem kommt.

Jeff reiste mit seiner Frau und seiner kleinen Tochter aus Australien an. Sie wollten unbedingt Venedig sehen. Wir fuhren dort auch hin, aber leider war das Wetter sehr schlecht. Nun, sie haben trotzdem alles besichtigt, und ich paßte unterdessen auf die Kleine auf. Jeff, der alle unsere Reisen mitgemacht hat und sich merkwürdigerweise an so wenig erinnern kann! Sie blieben zu meinem Geburtstag.

Am 25. August 1993 wurde ich 70 Jahre alt. Es war ein schönes Fest mit vielen Lobreden, wie man sie eben bei einem solchen Anlaß hält.

Mit meinen Enkelkindern David und Sarah, Jeffreys Kindern, in Brisbane, Australien.

70. Geburtstag, Feier im Buddha-Haus (ganz links: Jeffrey).

Von Nyanabodhi bekam ich ein ganz besonderes Geschenk: eine selbstgebaute Stupa. Das ist ein buddhistischer Reliquienschrein, der die Form eines runden weißen Turms hat, mit einem großen Bergkristall an der Spitze. An meinem Geburtstag haben wir die Stupa eingeweiht.

Ein Spalt in ihrer Mauer war offen gelassen. Jeder, der an diesem Tag mit mir feierte, konnte da eine kleine Buddha-Statue hineintun, die er als Anerkennung für eine Spende für unser Buddha-Haus bekommen hatte. Von jedem meiner Bücher wird ein Exemplar im Inneren der Stupa aufbewahrt. Außerdem gaben wir alles, was wir an Gold und sonstigen Wertsachen besaßen, mit hinein. Nyanabodhi legte den goldenen Ehering seines verstorbenen Vaters dazu. Viele Wertsachen hatten wir nicht, aber was wir zusammentragen konnten, kam in die Stupa.

Eines Tages wird meine Asche darin sein. Das ist eine traditionelle Art und Weise, einen Lehrer zu bestatten. Ich habe mich vorsichtshalber schon beim Gesundheitsamt in Sonthofen um die Genehmigung dafür bemüht. Zwei Beamte waren da, haben alles besichtigt und stellten eine schriftliche Erlaubnis aus.

Es ist ein wunderschöner Ort, an dem die Stupa steht, neben einem kleinen Apfelbaum auf einer sanft abfallenden Wiese. Wenn die Sonne scheint, brechen sich ihre Strahlen in dem durchsichtigen Kristall auf seiner Spitze. Ich sitze gern auf der kleinen Bank, die daneben steht.

Noch ein Ereignis brachte mir viel Freude. Nach einem Artikel über mich in der Zeitschrift Brigitte kamen Briefe von ganz unerwarteter Seite. Zwei Schulkameradinnen aus dem Staatlichen Augusta Lyceum in Berlin meldeten sich. Wir waren im Alter von 9–13 Jahren zusammen in die Schule gegangen. Eine schrieb aus Berlin, eine aus Heiden-

Stupa im Garten des Buddha-Hauses. Hier wird meine Asche aufbewahrt werden.

heim. Die letztere arrangierte sogar schon einen Vortrag für mich in Heidenheim, zu dem ca. 350 Personen kamen. Die Freundin aus Berlin ermöglichte dann ein Wiederfinden meiner besten Schulfreundin, die in England lebt. Vielleicht treffen wir uns dieses Jahr, wenn ich in England lehre.

Im Moment fühle ich mich, meinem Alter entsprechend, sehr gut. Solange ich noch da bin, ist es mir recht; wenn ich sterbe, ist es mir auch recht.

Die Begegnung mit dem Tod hat ganz sicher dazu beigetragen, daß ich die Lehre in einer Art verbreiten kann, die nichts mit meiner Person zu tun hat. Ich bin nicht nur unwichtig, ich fühle mich gar nicht anwesend, sondern nur als ein Sprachrohr für Dinge, die den Menschen helfen können.

Ich lebe so lange, wie es mir bestimmt ist. Es ist ja beinahe schon alles erledigt. Ein oder zwei Bücher möchte ich noch durchsehen, vor allem die «Mittlere Sammlung» der Lehrreden des Buddha, die dringend einer neuen deutschen Übersetzung bedürfen. Dann kann alles weitergehen ohne mich.

Ich schreibe in diesem letzten Kapitel viel über den Tod, weil die Angst davor ein so häufiges Thema ist, das von meinen Zuhörern an mich herangetragen wird. Ich bin ständig damit konfrontiert.

Ohne den eigenen Tod völlig akzeptiert und sich liebend und hingebend damit auseinandergesetzt zu haben, ist unser Leben immer mit Angst verbunden. Wahrer Frieden kann nur dann in unser Herz kommen, wenn wir die Dinge so sehen, wie sie wirklich sind.

Der Buddha hat einige Anweisungen für Sterbebegleitung gegeben, die sehr hilfreich sein können. Vor allen Dingen folgendes: Wenn ein Mensch im Sterben liegt, soll man ihn an alle seine guten Taten erinnern, damit er mit ruhigem, frohem Geist stirbt. Das ist sehr wichtig, denn es passiert sehr häufig, daß Menschen auf dem Sterbebett plötzlich Reue und Gewissensbisse bekommen, weil sie denken, daß sie irgend etwas falsch gemacht haben. Wenn man als Schwester oder Arzt den Sterbenden nicht sehr gut kennt, soll man sich bei seiner Familie erkundigen, um ihm helfen zu können.

Man soll körperlichen Kontakt herstellen, die Hände halten oder streicheln oder irgend etwas tun, damit er sich nicht verlassen vorkommt.

Der Gehörsinn ist das letzte, was verlorengeht. Man darf deshalb nicht glauben, daß ein Mensch, der scheinbar ohne Bewußtsein daliegt, nichts hört. In seiner Gegenwart sollen nur Dinge ausgesprochen werden, die er hören darf und soll.

Wenn der Mensch, der stirbt, Buddhist ist, Vertrauen zu dem Buddha hat und Liebe zu seiner Lehre, so sollen von ihm überlieferte Verse rezitiert werden. Es gibt einige, die großartig passen, zum Beispiel:

«Die prächtigen Königswagen selbst zerfallen, auch dieser Leib eilt dem Verfall entgegen, doch nie kommt das Gesetz der Edlen in Verfall. Die Edlen künden es durch edle Reiter.» Das bedeutet, daß man dem Menschen sagen kann, daß wir alle sterben werden. Der Körper ist nicht das Wichtigste; der Geist und das Bewußtsein des Guten und Wahrhaftigen sind viel wichtiger. Sie können nicht verfallen.

Der Tod ist ja nichts anderes als ein Hinübergleiten. Wir gleiten ganz sanft in eine neue Art der Existenz hinüber. Sanft verläuft der Tod natürlich nur, wenn wir uns nicht dagegen aufbäumen. Und wenn wir keine Schmerzen haben.

Eine Zeitlang ist von buddhistischen Lehrern gesagt worden, der Mensch solle bei vollem Bewußtsein sterben. Demnach dürften ihm also keine Schmerzmittel gegeben werden. Das entspricht aber überhaupt nicht dem, was der Buddha meinte, als er sagte, man solle mit einem friedlichen Geist sterben. Wie kann man friedlich sein, wenn man voller Schmerzen ist? Buddhistische Sterbebegleitung besteht auch darin, Schmerzen zu lindern und zu beseitigen. Wenn man den Menschen zu diesem Zweck bewußtlos machen muß, so ist dies kein Argument gegen das Lindern von Schmerzen. Das Bewußtsein ist auch dann noch vorhanden, selbst wenn der Sterbende nicht in gewohnter Weise antworten oder reagieren kann. Es ist ganz falsch, einen Menschen seinen Schmerzen zu überlassen, das bringt Negativität und Unfrieden in den Geist.

Und dann gibt es noch einen Rat des Buddha: Es wird gesagt, man solle bis zu drei Tage warten, bis man den Körper zur Bestattung bringt, weil das Bewußtsein Zeit braucht, um sich von dem Körper, zu dem es gehört hat, zu trennen.

Buddhistische Sterbebegleitung beinhaltet auch, daß man zu Hause sterben sollte, in guter, vertrauter Umgebung. Die lieben Menschen sollten anwesend sein und wissen, daß sie dem Sterbenden die Erlaubnis geben müssen zu sterben. Es ist wichtig, ihm zu sagen: «Ja, wir vermissen dich, aber wir sind alle ganz okay, es geht uns gut. Wir lieben Dich, aber wir können weiterleben.» Man sollte nicht versuchen festzuhalten, das erschwert sonst das Sterben.

Ich denke, dies sind alles Dinge, die in gleicher Weise in den christlichen Hospizbewegungen praktiziert werden.

Vor einiger Zeit war eine Journalistin bei uns im Buddha-Haus. Sie fragte mich, ob ich vielleicht deshalb meinen Tod so leicht akzeptieren könne, weil ich an die Wiedergeburt glaube? «Nein», antwortete ich ihr, «das hoffe ich nicht. Man wird nur wiedergeboren, wenn der Wille dazu vorhanden ist. Wenn es die Begierde, als ein «Ich» da zu sein, nicht mehr gibt, dann ist alles vorüber. Ich bin bereit, endgültig loszulassen.»

«Und was geschieht dann?», wollte sie wissen. «Nichts. Aus. Dann wäre Nibbāna der absolute Frieden erreicht.»

Die letzte große, vollkommene Vertiefung.

Dank

Zuerst möchte ich Ursula Lebert vielmals dafür danken, daß sie aus den von mir besprochenen Kassetten ein buchfertiges Manuskript für meine Autobiographie hergestellt hat. Unser gegenseitiges Verständnis hat viel dazu beigetragen, uns die Arbeit zu erleichtern.

Dann innigen Dank an Herrn Graf vom Barth Verlag, dessen Geduld, vor allem bei der Wahl des Titels, und stetige Hilfsbereitschaft sehr geholfen haben, dieses Projekt zu Ende zu führen.

Ferner möchte ich mich bei Traudel bedanken, die den endgültigen Titel gefunden hat und auch sonst noch viele gute Ratschläge gegeben hat.

Ohne Nyanabodhis Hilfe bei der Auswahl der Fotos wäre ich kaum damit fertig geworden. Vielen Dank!

Nyanacitta hat nützliche Kritik geübt, die das Manuskript verbessert hat. Innigen Dank!

Und dann zuletzt, aber aus vollem Herzen, Dankbarkeit für alle meine Lehrer, die meinen Lebensweg begleitet haben und ohne deren Zuspruch und Belehrungen mein Leben ganz anders ausgesehen hätte.

Zuerst waren da Gerd, Jeffrey und Irene. Dann Phra Khantipalo, der Ehrw. Nyanaponika Mahathera, der Ehrw. Naññarama Mahathera, meine Schülerinnen und Schüler in Australien, USA und vor allem in Deutschland, deren Fragen, Argumente und Liebesgaben mir viele Denkanstöße gegeben haben.

Ich sehe mich als Lernende von allen Mitmenschen, denen ich begegne, und von der Natur um mich herum. Ich empfinde dies mit einem Gefühl des Glücks und der Demut dieser unendlich großen Schöpfung gegenüber.

Ayya Khema — Buddha-Haus im Allgäu

Die Motti an den Kapiteleingängen stammen aus: *Dhammapada. Des Buddhas Weg zur Weisheit*, mit Pali-Text und Kommentar, aus dem Pali übersetzt vom Ehrw. Nyanatiloka Mahathera, Jhana Verlag, 1992.

Interessenten wenden sich bitte an:

Buddha-Haus
Uttenbühl 5
87466 Oy-Mittelberg

Tel. 08376-5 02
Fax: 08376-5 92